서민적정치

서민적정치

좌 · 우파를 넘어 서민파를 위한 발칙한 통찰

서민 지음

생각정원

야구 마니아가 정치에 입문한 까닭은?

친애하는 나의 정치 동기, P

"저는 정치 잘 모릅니다. 까는 것만 잘할 뿐이죠."

정치를 주제로 한 토론회에 참석해 달라는 요청을 받을 때마다 손사래를 치곤 했다. 〈경향신문〉에 칼럼을 써서 약간의 인기를 얻었지만, 대통령을 반어법으로 비판한 것이 어필했을 뿐, 현 상황을 진단하고 비전을 제시하는 능력은 아예 없다시피 하다. 이런 내가 정치에 대한 책을 쓰기로 마음먹은 것은 존경하는 그분 덕분이다. 퍼스트레이디 생활을 빼고도 20년간이나 정치 현장에 머무르신 그분—이제부터 그를 P라고 부르자—은 사람들로 하여금 "내가 해도 저것보다 잘하겠다"라는 자신감을 불러일으켰다. 정치인보다 정치를 더 잘 아는 사람이 정치에 대한 책을 쓰는 건 너무도 당연하지 않은가?

생각해 보면 P와 나는 비슷한 시기에 정치에 입문했다는 공통점이 있다. P는 1998년 대구 달성군에서 치러진 보궐선거에 당선되면서 정치 활동을 시작했다. 나는 그보다 몇 달 전에 나온, 전북대학교 강준만 교수가 창간한 월간《인물과 사상》을 읽다가 생애 최초로 정치에 관심을 가졌다. 정치에 무관심한 것은 사회 구성원으로서 직무유기라는 그의 말에 정신이 번쩍 들어서였다. 비슷한 시기에 정치에 입문했지만 P와 나 사이에 큰 차이가 생긴 것은 이후의 행적이 너무도 달랐기 때문이다. 일단 나 자신이 정치에 대해 아무것도 모르는 무식쟁이라는 것을 흔쾌히 인정했다. 그래서 강 교수의 책을 비롯해 정치 관련 책을 열심히 읽었다. 그의 조언대로 네 종류의 신문을 매일같이 샀고, '오피니언'란에 실린 글들은 줄을 쳐 가면서 읽었다. 관심 가는 사안을 주제로 글을 써 보기도 했다. 그로부터 12년이 지나는 무렵 〈경향신문〉에 칼럼을 연재하기 시작했다. 내 주제를 알기 때문에 직접 정치를 할 생각은 전혀 없었다.

이런 나와 달리 P는 자신이 아무것도 모르는 일자무식임을 감추고자 했다. 최순실을 가까이하고 책을 멀리했으며, 되도록 말을 하지 않으려고 애썼던 것이다. 어쩌다 말을 할 기회가 있으면 "참 나쁜 사람", "대전은요?" 같은 한두 단어만 던졌고, 누가 질문만 하면 쌩하고 도망쳤다. 손석희 아나운서가 진행하는 MBC 라디오 시사 프로그램 〈손석희의 시선집중〉에서 손 아나운서가 추가 질문을 하자 "지금 저하고 싸움하시는 거예요?"라고 답한 사건은 유명한 일화다. 그 결과 P는 지금도 정치에 문맹이다. 짐작하다시피 P는 박근혜, 이런 분이 대통령이 됐으니 자신에게는 물론이고 국민들에게도 불행이었다.

정치와 야구의 공통점

정치는 야구와 비슷한 점이 있다. 정당과 정치인이 국민을 대신해 정치 활동을 하는 것처럼, 선수도 관중을 대신해 야구경기를 한다. 자신이 응원하는 팀이 이기면 좋고, 싫어하는 팀이 이기면 우울해지는 것도 정치와 야구의 공통점이다. 또한 야구와 정치 모두 철저히 룰에 따라 움직인다. 야구가 매끄럽게 진행되는 이유는 여섯 명으로 구성된 심판진이 어떠한 압력에도 굴하지 않고 공정하게 판정을 내리기 때문이다. 정치 역시 법이나 사회적 규칙을 제대로 지키면서 돌아갈 때, 우리는 '정치가 잘 굴러간다'고 생각할 것이다. 그런데 우리 정치는 잘 굴러가지 않고 있다. 언론과 검찰, 국세청 등 공정하게 판정을 내리고 규칙 위반을 감시해야 할 기관들이 자신의 이익을 좇아 양심을 위반하는 것은 물론, 사회적 혼란까지 야기시키니 말이다. 대통령의 말을 듣지 않는다는 이유로 검찰에 끌려가 세무조사를 받고 신문을 통해 돌팔매질까지 하는데 공정한 게임이 진행될 수 있을까?

다시 야구로 돌아와서 보자면 심판이 홈팀이라서, 자기가 좋아하는 선수라서, 특정 팀으로부터 돈을 받아서 등등의 이유로 잘못된 판정을 내린다면 경기가 제대로 되겠는가? 야구에서도 정치에서도 반드시 지켜야 하는 규칙이 망가지고 있다면, 그때는 누가 감시해야 하는 것일까? 그래서 관중이 중요하다. 야구장에서 심판이 엉뚱한 판정을 내린다면 관중들은 야유를 보낸다. 그 야유는 해당 심판에게 경각심을 일깨우고 다음번에는 보다 정확한 심판을 내리도록 이끌어 준다. 그런데 정치판의 관중, 즉 유권자들은 야구경기의 관중들과 같은 역할을 제대로 하고 있을까? 전혀 그렇지 않다. 오직 승패만이 중요하다 보니 자기 팀이 부정한 방법을 쓰고, 그들과 결탁한 심판이 눈감아도 문제를 제기하지 않는다. 오히려 억울하게 진 상대 팀을 욕한다. 대표적인 예가 박근혜-최순실 게이트가 터진 이후에도 박근혜를 옹호했던 박사모다. 이런 상황에서 멋진 정치가 나오기란 불가능에 가깝다.

너무나 필요한 서민적 정치

"정치는 정치인에게만 맡겨 두기에는 너무 중요하다."

앞에서 내가 관중의 중요성을 언급한 것처럼, 프랑스 대통령을 지낸 드골(Charles de Gaulle)의 이 말도 국민들의 적극적인 참여와 감시를 주문하고 있다. 야구장에서 야구 규칙을 모르면 관람 자체가 불가능하듯, 정치를 감시하려면 그에 대한 지식이 필요하다. 우리가 정치를 공부해야 하는 이유는 바로 이 때문이다. 생업으로 바쁜 와중에 공부할 시간이 어디 있냐고 하겠지만, 정치 공부에 꼭 거창한 투자가 필요하진 않다. 신문을 읽고 가끔씩이나마 정치에 관한 책도 읽기, 이는 자투리 시간만 할애해도 충분히 할 수 있는 일이니까. 이 책을 쓴 이유도 여기에 있다. 한국 정치에 대해 아쉬운 점을 말하고 이를 바로잡으려면 우리가 어떻게 해야 하는지에 대한 내 생각을 썼다. 심오한 이념이나 철학이 담겨 있지 않아 읽기에 그리 부담은 없을 것이다.

이 책은 그동안 써 온 정치 관련 글을 바탕으로 한다. 한 편 두 편 원고를 모아 정리하고 첨삭하며 결국 책 한 권으로 완성하기까지 꽤 시간이 걸렸다. 게으른 나를 말없이 기다려 준 생각정원 출판사 박 대표님께 감사드리고, 책이 나오면 인세를 받지 않을까 기대에 들뜬 아내에게도 조금만 더 기다려 달라고 부탁해 본다. 마지막으로 독자분들께 말씀드린다. '조금 있다가 읽어야지' 하는 약한 마음을 갖지 마시고 빨리 사서 읽으시라고. 탄핵으로 인해 대선이 빨라졌고, 대선이 끝나면 정치 책을 읽는 일에는 시들해지니 말이다.

차 례

3부 혐오에 맞서는 1cm 정치 생각

4부 서민적 정치의 미래

1부

괴물과 싸우며 괴물이 되지 않는 법

서민적 정치란 무엇인가?

우리 안의 괴물

생각과 공감이 중요한 이유

게임보다 못한 정치 이야기

"시험이 코앞이라 진도를 나가야 하는데, 선생님은 수업보다 그게 더 중요하다고 여기는 듯해요."

엄마들이 많이 모이는 인터넷 커뮤니티에 2015년 어느 날 글이 올라왔다. 아이가 다니는 학교의 담임 선생님이 전교조 소속인데, 세월호 이야기를 많이 해서 아이가 싫어한다는 내용이었다.

글을 올린 사람은 학교에서 공부 이외의 것은 가르치면 안 된다고 생각한 모양이다. 하지만 학교에서 배우는 것은 단순히 지식만은 아니다. 선생님 말씀을 들으면서 규율에 따르는 법을 배우고, 아이들과 사귀며 평생 친구도 만들고, 다름을 인정하는 방법도 배우는 곳이 바로 학교다. 학교에서 꼭 공부만 가르쳐야 한다면 보다 효율적으로 공부를 가르쳐 주는 학원을 다니거나 개인 교사를 두는 것이 나을지도 모른다.

아무튼 이 글에 댓글이 달렸고 토론으로 이어졌다. 학생이라고 정치에 무관심해야 한다는 태도는 문제가 있지 않느냐는 의견도 있었고, 일방적으로 편향된 시각을 주입하는 것은 반대라는 의견도 있었다. 또 다른 의견도 있었다. 교사는 정치적 중립을 지켜야 하는데, 그렇지 않은 게 문제라고 말이다. 나는 세월호 참사에 '중립'이란 단어를 쓸 수 있는지 의문이 든다. 세월호 참사는 보수와 진보의 문제가 아니라, 수많은 아이들이 죽어 갈 때 국가가 제대로 기능하지 않았던 슬픈 사건이다. 아직도 진상이 규명되지 않았기에 세월호 참사는 과거의 사건이 아닌, 현재진행형이다. 보수의 역할이 아이들을 죽게 내버려 두는 게 아니라면, 세월호 참사는 계속 이야기해야 할 주제가 맞다. 게다가 그 희생자가 자신의 아이와 같은 고교생이지 않은가?

아이들이 선생님 말씀을 듣고 편향된 아이로 자랄까 봐 부모들은 걱정한다. 그런데 우리 사회는 진보적인 의견에 대해서만 편향이란 딱지를 붙이는 경향이 있다. 이 세상에 편향되지 않은 사람은 없다. 세월호 참사에 대해 침묵하는 것 역시 또 다른 편향이다. 꼭 세월호 참사가 아니더라도 선생님이 사회 문제에 대해 아이들에게 이야기하는 것은 필요한 일이다. 토론 시간이 정규 과목으로 편성되어 아이들과 사회적 이슈에 대해 이야기를 나눌 수 있다면 더 좋겠지만, 그게 어렵다면 선생님의 생각을 듣는 것도 나름의 의미는 있다. 수업이 끝난 뒤 아이들끼리 그에 대한 이야기를 나누면서 가치관을 키울 수 있을 테니 말이다. 아이들이 게임이나 연애에 대해 이야기하는 것은 괜찮고, 사회적 이슈에 대해 이야기하는 것은 나쁜가? 18세 선거권이 논의되는 마당에, 학부모가 사회와 격리된 순진무구한 학생을 원하는 것은 모순이다.

어느 교생 선생님의 분노

내가 고등학교 3학년일 때 있었던 일이다. 당시 미국 LA에서 올림픽이 열렸다. 우리의 관심은 온통 선수들이 메달을 얼마나 따는지에 쏠려 있었다. 시차 때문에 중요한 경기는 꼭 오후 2~3시 정도에 열렸지만, 인터넷도 없던 터라 우리는 경기 결과가 어땠는지 도무지 확인할 길이 없었다. 갑자기 옆 반에서 "와아!" 하는 함성이 들렸다. 그날은 하형주라는 유도 스타가 경기에 출전하는 날이었기에 우리는 소리만 들어도 하형주가 금메달을 땄음을 알 수 있었다. 우리도 수업을 받다 말고 "와아!" 하고 함성을 질렀다. 그때만 해도 우리나라는 지금처럼 메달을 많이 따는 나라가 아니었기에 금메달 한 개는 국가적 경사로 받아들여졌다. 그날 수업을 하던 분은 교생 선생님이었다. 그분이 갑자기 정색을 하면서 우리를 꾸짖었다. "나쁜 짓을 일삼는 정부가 국민의 관심을 돌리기 위해 스포츠 육성 정책을 펴고 있는데, 너희들은 그 정책에 놀아나 메달에 환호하고 있다니 한심하다." 분위기는 급속히 식었다. 답답했던 것은 우리 중 누구도 그 선생님이 화내는 이유를 몰랐다는 점이었다. 왜 저분은 화를 낼까? 금메달 딴 게 기쁘지 않은 거야? 수업이 끝나고 난 뒤 우리끼리 얘기를 해 봐도 진전은 없었다. 나는 그저 그분이 하형주 선수에게 개인적으로 원한이 있다는 식의 편리한 결론을 내렸다.

대학에 입학하자 나는 갑작스러운 정보의 홍수에 정신을 차릴 수가 없었다. 좋은 사람으로 알았던 당시 전두환 대통령이 사실은 군사 반란으로 대통령 자리를 탈취했으며, 이를 공고히 하기 위해 광주에서 수많은 사람을 죽였다는 것이다. 그리고 국민들의 불만을 잠재우기 위해 프로야구와 프로축구를 만드는 등 스포츠 육성에 앞장섰고, 그때까지만 해도 보기 힘들었던 야한 영화와 비디오를 잔뜩 만들어 그쪽으로 관심이 쏠리게 만들었다. 그때 만들어진 영화가 〈애마부인〉이었는데, 여배우가 가슴을 드러낸 채 말을 타는 장면은 큰 화젯거리였다. 이런 일들을 알고 난 뒤에야 나는 그때 교생 선생님이 왜 그렇게 화를 냈는지 이해할 수 있었다. 대학생이었던 그로서는 우리가 우민화정책의 희생양이 되어 허우적대는 모습이 한심할 수밖에 없었던 것이다. 하지만 어쩌겠는가? 아무도 우리에게 진실을 이야기해 주지 않았는데. 체육관에서 지지자들끼리 모여 대통령을 뽑도록 한 헌법을 우수한 것으로 묘사한 교과서를 달달 외우고 자란 우리로서는 교생 선생님의 분노에 뜬금없다는 표정을 짓는 게 끝이었다. 생각해 보면 그 시절 나는 많은 것을 배웠다. 근의 공식, 두음법칙, 서희의 강동6주 등등. 거의 사용할 일이 없었지만, 이것들은 알게 모르게 내 삶에 유리한 방향으로 작용했을 것이다. 하지만 교생 선생님의 사자후는 고등학교 때 배운 그 어떤 내용보다 더 자주 생각났다. 내가 그간 속아 왔다는 사실을 알고 난 뒤 왜 아무도 진실을 말해 주지 않았을까 주위를 원망하기도 했지만, 그래도 교생 선생님 같은 어른이 있었다는 게 약간의 위안이 됐다.

선생님이 보수든 진보든, 중요한 사회적 이슈에 대해 학생들에게 말할 필요가 있다. 화두를 던지는 것도 의미가 있고, 자신과 다른 의견을 경청함으로써 자기 생각을 돌아볼 수 있어, 그것도 괜찮다. 학부모들은 편향을 걱정하지만, 선생님이 보수라서 그쪽 얘기만 한다고 학생이 보수가 되는 것도, 선생님이 진보라고 학생이 모두 진보가 되는 것도 아니다. 밥상머리에서 내내 보수 교육을 받는 지역에서도 진보는 나오지 않는가?

어떤 종업식에서 만난 정치 세상

2017년 2월 7일, 서울디지텍고등학교 종업식에서 곽일천 교장이 한 연설이 화제가 됐다. 아무리 말하기 좋아하는 교장이라도 30분 정도 하는 게 보통인데, 곽 교장의 연설은 무려 한 시간 동안이나 계속됐다. 문제는 시간이 아니라 내용이었다. 그는 검찰, 국회, 언론, 종북세력의 정치적 음모로 인해 박근혜 전 대통령이 탄핵되었으며, 태블릿PC가 최순실의 것인지 밝혀지지 않았다고 말했다. 학교 선생님의 사회적 발언을 지지하는 나로서는 이런 발언도 나름의 의미가 있다고 생각한다. 덕분에 학생들이 우리나라에서 '보수'라 자임하는 자들의 실체를 다시 한 번 생각해 볼 수 있었을 테니까. 실제로 교장의 말을 듣는 내내 학생들은 어이없다는 표정을 지었고, 그들의 불만은 연설이 끝난 뒤 7분가량 이어진 질의응답으로 나타났다. 그 질의응답 시간마저 교장이 학생들의 질문에 반박하는 내용으로 채워져 아쉽지만, 박사모 집회에서나 들을 법한 이야기를 생생하게 들을 수 있었던 것은 학생들에게 소중한 경험이었으리라.

교육과 관련한 단체라면 전교조만 생각하겠지만, 전국학부모교육시민단체연합(이하 학부모단체)이란 곳도 있다. 그들에 따르면 교사는 정치적 중립을 지켜야 하며, 이를 지키지 않는 전교조는 교사도 아니다. 그 논리대로라면 종업식에서 한 시간 동안 정치 이야기를 한 곽 교장은 규탄돼야 한다. 다음 기사는 그래서 뜻밖이다.

> 전국학부모교육시민단체연합은 오늘(14일) 서울 용산구 서울디지텍고등학교 앞에서 곽일천 서울디지텍고등학교 교장의 '박근혜 대통령 탄핵 반대' 발언을 지지하며 조희연 서울교육감과 전국교직원노동조합을 규탄하는 집회를 개최했다.*

* 서울디지텍고등학교 교장, 지지 집회에 규탄 집회 취소 …… 현장 태극기·성조기 등장, 〈머니S〉, 2017년 2월 14일.

정치적 중립을 지키지 않고, 박사모의 주장을 그대로 옮긴 곽 교장을 규탄하기는커녕 그 발언을 지지한단다. 오히려 아무런 발언도 하지 않은 전교조와 거기 있지도 않았던 조희연 서울교육감을 규탄하는 내용의 시위라니 이게 도대체 어떻게 된 일일까? 정치적 중립을 지켜야 한다고 주장하는 학부모단체는 박사모의 발언은 허용하되 전교조는 인정하지 않는다. 이들이 주장하는 중립은 모든 교사에게 허용되는 것이 아니라, 전교조에게만 유난히 가혹하게 적용된다. 어쩌면 학부모단체의 속내는 아이들이 진보적인 생각을 갖지 못하게 하는 것이 아닐까? 교과서는 국가가 만들어야 하고, 큰 사건으로 희생자가 나오면 그 유가족들을 욕하고, 박 전 대통령을 위해 태극기를 흔드는 그런 어른을 만들기 위해.

이들이 말하는 '중립'은 서로의 의견이 다가갈 수 있는 공정지대와 정의(正義)가 아니라 내가 곧 중심이라는 오만인 듯하다. 부연하자면 편향성을 회피하려는 강박도 버릴 필요가 있다. 우리는 사회적 위치와 성별, 인종 등 다양한 요소들로 인해 각자 다른 입장을 취할 수밖에 없다. 그러니 직선 안에 0점을 두고 음수와 양수를 표현하는 것처럼 세상을 왼쪽과 오른쪽으로만 나눌 수는 없다. 세상은 입체다. 한쪽에서 보면 한 면만 보이지만, 사실 복잡하게 빛나는 다면체다. 편향은 우리가 보는 세상의 한 단면이다. 각자의 시선 속에서 바라보는 세상이 어느 한 단면임을 인정한다면, 편향들이 모여야 다면체가 완성된다는 것을 깨달을 수 있다면, 정치에 대한 열린 토론도 얼마든지 가능하다.

정치 토론은 어렵다?

하지만 우리는 여전히 토론이 어렵다. 자신의 의견만이 중립이고 나머지는 모두 편향이라는 독선적인 태도도 문제지만, 다양한 의견을 수렴하면서 자신의 약한 점을 보완해 가는 법에 익숙하지도 않기 때문이다. 입시공부만 하느라 제대로 된 토론을 해 본 적이 없으니 그럴 법도 하다. 하지만 시사토론 진행자 정관용은 누구에게나 토론을 잘할 능력이 있다고 한다. 그에 따르면 친구들과 점심 메뉴를 정하는 것도 일종의 토론이란다.

갑 : 점심 뭐 먹을까?

을 : 음, 짜장면 어때?

갑 : 아, 나는 오늘 설렁탕이 당기는데.

을 : 아니야, 우리 회사 뒤에 중국성이라고 새로 생긴 중국집이 있는데, 짜장면이 진짜 맛있어. 내가 살게, 가자.

갑 : 그런데 내가 어제 동창을 만나 술을 잔뜩 먹었거든. 오늘은 도저히 짜장면은 못 먹겠어. 국물로 속을 좀 풀어야겠다. 설렁탕은 내가 살게.

을 : 그래, 그렇게 속이 안 좋으면 어쩔 수 없지.*

* 정관용 외 지음, 《상실의 시대: 그랜드마스터클래스/빅퀘스천》, 마이크로임팩트북스, 2016년, 122쪽.

이 대화자들은 서로 자신이 원하는 점심 메뉴를 결정하기 위해 이야기를 나눈다. 자신의 뜻을 관철하기 위해 '내가 살게'를 동원하고, 전날 술을 마신 사정을 감안해 달라고 한다. 결국 둘은 기분 좋은 합의에 이른다. 그러나 이런 토론이 정치의 영역으로 넘어오면 쉽지 않다. 우리나라에서는 서로 좋아하는 정치인을 묻는 일이 곧 싸움으로 이어지는 경우가 많다. 아무리 훌륭한 인물이라 해도 잘한 일과 잘못한 일이 있기 마련인데, 특히 정치 영역에서는 이해관계가 상충되는 집단이 있다 보니 어떤 곳에서는 지지를, 어떤 곳에서는 반대의 입장을 취할 수밖에 없다. 예를 들어 정치인 A가 있다 치자. A를 좋아하는 이는 그가 잘못한 일을 상대적으로 사소한 것으로 치부하지만, A를 좋아하지 않는 사람들은 A의 단점을 크게 생각한다. 이것은 관점의 차이인지라 합의점에 도달하기가 쉽지 않다. 게다가 우리는 정치 이야기를 삼가도록 압력을 받으며 살아 왔다. 정치에 대해 말할 수 있는 공간이 좁아지니 사람들은 자신의 정치적 견해를 잘 말하지 않는다. 그러다 보면 자신이 보고 듣고 느낀 것만 옳다고 생각하고, 상대방의 의견을 '다름'이 아닌 '틀림'이라 단정 짓는다. 그래서 우리는 정치 이야기를 할 때 자기 견해를 상대에게 강요하려 드는 측면이 있다. 설득과 달리 강요는 어떻게든 주입시키겠다는 목표가 있기에 정확한 정보와 근거에 기반하기보다 정치인의 취약점이나 강점을 확대하는 방향으로 진행된다. 그 과정에서 확인되지 않은 사실과 논점을 흐리는 무리수가 동원된다.

갑 : 세월호가 침몰한 7시간 동안 무엇을 했는지 모르는 박근혜는 탄핵받아야 마땅해.

을 : 노무현은 태풍 매미가 올 때 오페라 보러 갔는데? 그래서 132명이 죽었어.

세월호 참사에서 갑자기 태풍 매미로 이야기가 흐른다. 전문용어로 이런 것을 물타기라고 한다. 비교 대상이 될 수 없는 것을 이어 붙이고, 논점을 흐린다. 세월호 참사는 갑작스럽게 벌어진 사고였지만, 태풍 매미는 예정된 재해였다. 태풍이 불기 전 관련 대책이 각 지자체에 내려갔으며, 공무원들은 호루라기를 불며 관광객들에게 대피하라고 호소했다.

> 태풍 매미 대책 본부는 "산간계곡과 해안 등의 행락객 2,041명을 피신시키고 선박 72,781척을 결박하거나 대피시켰으며 1,090회에 걸쳐 경보 방송을 했다"라고 한다. …… 공무원들이 호루라기를 불며 해변 이곳저곳을 뛰어다니면서 사람들을 대피시키고, 해안 주변 상가들의 셔터를 내리게 하는 등 여러 가지 조치를 취했다. 그러나 날씨도 화창하고 바람도 불지 않아서 왜 대피해야 하느냐며 생떼를 부리는 사람들 때문에 강제로 대피를 시키고, 견인차를 동원해 차량을 대피시키는 등 무척 애를 먹었다.*

* 오거돈, 《나는 희망을 노래한다》, 금샘미디어, 2016년, 155~156쪽.

다시 말해 노무현 전 대통령은 미리 대책을 세운 뒤 오페라를 보러 갔다. 희생자가 나온 것은 지자체의 대응이 늦었거나 사람들이 공무원의 지시에 따르지 않았기 때문이다. 그럼에도 노무현 전 대통령은 당시 야당과 언론의 끈질긴 비난에 시달렸고 결국 대국민사과를 했다. 이와 달리 세월호 참사는 돌발적으로 벌어졌다. 그것도 평일인 수요일 아침에 말이다. 대통령이 아침부터 중앙재난안전대책본부(이하 중대본)에 있어야만 희생자가 더 줄었을 것이라고 주장하는 것은 아니다. 다만 재난이 갑자기 발생했다면 하던 일을 중단하고 중대본으로 달려가 대책을 논의해야 한다. 그때 마땅히 했어야 할 일을 안 했다면 비판을 받아야 하고, 그 비판을 받기 싫다면 대통령 자리에 머물러 있을 필요가 없다. 게다가 노무현 전 대통령은 소재 파악이 됐고, 박근혜 전 대통령은 7시간 동안 어디 있었는지 아무도 모른다. 이게 더 문제가 아닐까? 그럼에도 박근혜 전 대통령의 지지자들은 노무현이 태풍이 부는데 오페라를 봤다고 논점을 흐린다. 그렇다고 해서 세월호 7시간이 묻히는 게 아닌데 말이다.

정치학에서 가장 널리 쓰이고 있는 정치에 대한 정의는 아마도 데이비드 이스턴(David Easton)이 말한 "가치의 권위적 배분(authoritative allocation of values)"일 것이다. 그의 말처럼 정치가 가치의 배분을 주된 과제로 한다면, 어디서든 이런 대화는 이루어질 수 있다. 이런 이야기들을 어릴 때부터 자주 나누게 되면 다음 세대들은 누구와도 얼굴 붉히지 않고 정치적 의견을 나눌 수 있을 것이다. 상대의 논점을 흐리는 데 매달리지 않고 상대의 이야기 중 인정할 부분은 인정하면서 자기 의견을 개진하려 할 것이다.

이는 서민적 정치를 확장할 수 있는 큰 통로다. 그런데 서민적 정치, 정치적 토론에 앞서 나는 여러분에게 독서를 권한다. 실은 나도 어릴 적부터 독서에 심취했던 것은 아니다. 서른이 되어서야 책을 읽기 시작했는데, 늦게 시작한 독서는 내 삶을 정반대로 바꿔 놓았다. 나밖에 모르고 사회에 대해 일말의 관심도 없던 내가 이제는 사람들 앞에 서서 사회정의에 대해 떠들고 있으니, 그야말로 상전벽해(桑田碧海)다. 그렇다면 서민적 정치에서 독서는 어떤 역할을 할까?

속지 않으려면 책을 읽자

1987년 12월 16일은 16년 만에 직선제로 바뀐, 현 헌법에 의해 치러진 최초의 대통령 선거일이었다. 노태우와 김영삼, 김대중이 홍미진진한 3파전을 벌였던 그날, 구로을에서는 작은 소란이 일었다. 투표가 끝나기 한참 전인 오전 11시 30분쯤 중앙선거관리위원회(이하 선관위) 관계자가 부재자투표함을 개표소로 옮겼기 때문이었다. 투표함을 발견한 시민들은 부정선거를 의심했다. 그들은 투표함을 빼앗아 구로구청에 들어갔고, 투표함을 지키겠다며 무려 40시간에 걸친 농성을 벌인다. 결국 그들은 경찰에 의해 진압됐지만, 투표함은 개봉되지 못했다. 당시 1위를 차지한 노태우 후보와 2위 김영삼 후보 간의 표차는 194만 표, 기껏해야 4천여 표가 담긴 그 투표함이 당락에 아무런 영향을 미치지 못할 것을 예상했기 때문이다.

그로부터 29년이 지난 뒤, 봉인된 채 선관위에 보관 중이던 그 투표함이 개봉됐다. 총 4,325표 중 1번 노태우 후보 3,133표(72.4%), 2번 김영삼 후보 404표(9.3%), 3번 김대중 후보 575표(13.3%)로 집계됐다. 이 결과는 무엇을 의미할까? 당시 시민들의 주장처럼 부정선거가 맞는 것일까? 이를 알기 위해 세 후보의 전체 득표율을 따져 볼 필요가 있다. 대통령에 당선된 노태우 후보 828만 2,738표(36.6%), 김영삼 후보 633만 7,581표(28.0%), 김대중 후보 611만 3,375표(27.1%)였다. 그런데 구로을에서 노태우의 득표율 73%는 전체 득표율에 비해 37% 정도 더 높다. 고려해야 할 점은 또 있다. 당시 서울은 야당이 강세라 노태우의 득표율이 타 지역에 비해 낮았다는 것이다. 호남 사람의 비율이 비교적 높았던 구로을은 그 성향이 특히 더 강해 해당 투표함을 제외하면 노태우가 구로을에서 얻은 득표율은 27% 남짓이었다.* 노태우를 좋아하는 이들만 부재자투표를 한 게 아니라면, 이 결과는 부재자투표가 공정하게 치러지지 않았음을 의미한다. 그런데 요새 기사마다 달리는 댓글을 보면, 충분한 정보가 주어져도 제대로 판단하지 못하는 사람들이 많다는 것을 알 수 있다. 이런 기사에서 상식적으로 예상되는 댓글은 다음과 같다.

* 투표함은 증언한다, '부정선거'의 진실을, 〈한겨레〉, 2016년 7월 29일.

- 조작 맞네.
- 828만 표 VS 634만 표라 결과는 달라지지 않습니다만?
- 부정선거의 역사가 2012년 대선까지 이어진 거구나.

하지만 기사가 주는 정보와 상관없는 댓글을 다는 사람들도 있다. 유형별로 살펴보자.

❶ **물타기형**

A : 이번 대선에 박근혜가 당선되었는데 전라도 지역의 박근혜 지지율은 10% 미만이었죠? 거기 지역 조작한 건가요?

❷ **헛소리형**

B : 부정선거 좀 하면 어때. 당선되면 그만이지.

❸ **몰이해형**

C : 노태우랑 김영삼이 표차가 100만 표가 넘는데. 뭔 조작이냐? 구로구 인구가 100만이 넘냐?

D : 구로에서 70 지지율 나오면 전국도 70 나와야 한다는 논리냐 빨갱이들아?

장담하건대 이런 댓글을 다는 사람들은 평소 책을 멀리하는 것이 확실하다. 성장하면서 꼭 읽어야 하는 책들만이라도 읽었다면 이런 난독은 없었을 테니 말이다. 이해력을 기르는 데 책은 가장 좋은 수단이다.

책 한 권을 다 읽는다는 것은 그 안에서 일어나는 모든 일을 다 이해한다는 말이다. 이는 독자로 하여금 세상을 이해하는 데 도움을 준다. 팟캐스트 순위에서 늘 1위를 달리는 〈김어준의 뉴스공장〉의 진행자 김어준은 놀라운 통찰력으로 유명하다. 2011년 10월에 있었던 서울시장 보궐선거 때 일이다. 선거가 치러지던 날 선관위 홈페이지는 난데없는 디도스 공격으로 다운됐는데, 김어준은 이게 조작이 아닌지 의심했다. 투표소가 기존과 달라진 곳이 많았던 그날, 바뀐 투표소를 선관위 홈페이지에서 검색하려던 사람들은 낭패를 볼 수밖에 없었으니까. 음모론으로만 치부됐던 이 사건은 한나라당 최구식 의원의 비서관인 공 씨가 잡혀 들어가면서 그 실체를 드러낸다. 검찰은 공 씨가 공명심에서 저지른 일이라며 사건을 종결하지만, 그 말을 믿는 이는 거의 없을 것이다. 몇 가지 사건에서 거대한 음모의 징후를 발견하는 김어준의 능력은 어디서 온 것일까? 젊은 시절 세계를 돌며 견문을 넓혔던 것도 도움이 됐겠지만, 그의 폭넓은 독서야말로 지금의 그를 만든 비결이리라. 물론 모든 이가 김어준처럼 될 수는 없겠지만, 정권에 의한 공작이 상시적으로 자행되는 대한민국에서 살려면 어느 정도의 통찰력은 갖출 필요가 있다.

앨런 베넷(Alan Bennett)이 쓴 《일반적이지 않은 독자》* 는 뒤늦게 책읽

* 앨런 베넷, 《일반적이지 않은 독자》, 조동석 옮김, 문학동네, 2010년.

기에 재미를 붙인 70세 영국 여왕이 점점 변해 가는 내용이다. 흔히 변한다고 하면 안 좋은 쪽으로 달라지는 것을 생각하지만, 여왕은 그 반대다. 여왕은 책을 읽으면서 주인공과 자신을 동일시하고, 주인공이 느끼는 감정을 자신의 것으로 받아들이기 시작한다. 그러면서 현실 속에서 다른 사람들이 현재 상황을 어떻게 느끼는지 알 수 있게 되었다. 여왕은 자신의 특권이자 한계였던 '여왕'이라는 위치를 뛰어넘어 평범한 사람들의 삶에 관심을 두고, 그들의 삶을 조금씩 배려할 수 있게 된다. 반면 세월호 참사 이후 박근혜 전 대통령이 보였던 행동은 납득하기 어렵다. 사건 당일에 제대로 대처하지 않은 것도, 사건 후 담화 발표 때 눈물을 흘렸으나 이후 세월호 유가족들을 박대한 것도, 과연 부모를 잃었던 아픔을 가진 사람이 보일 수 있는 행동인지 의아했다.

저 멀리 파리에서 테러가 일어나 많은 희생자들이 발생했다는 뉴스만 들어도 우리는 자기 일처럼 가슴 아파한다. 이런 게 바로 공감능력이다. 그러나 안타깝게도 박근혜가 경험한 슬픔은 세월호 유가족들의 슬픔을 공감하는 데까지 나아가지 못했다. 평소 책이라고는 읽어 본 적이 없었을 테니 공감능력을 갖기란 불가능했을 것이다. 일베(극우 성향 커뮤니티 '일간베스트')도 마찬가지다. 그들은 세월호 유가족들이 진상규명 특별법을 만들어 달라며 단식투쟁을 할 때 그 옆에서 피자와 치킨을 시켜 먹는, 소위 폭식투쟁을 벌였다. 아마 일베는 책과 담을 쌓은 대표적인 집단일 것이다.

서민적 정치를 위한 첫걸음

박근혜-최순실 게이트가 밝혀진 뒤 당시 대통령 박근혜는 대국민담화를 세 차례에 걸쳐 진행했다. 모두 일방적인 자기주장이었을 뿐, 담화라면 당연히 있어야 할 질의응답 시간은 한 번도 없었다. 참다못한 기자 한 명이 3차 담화를 마친 뒤 후다닥 나가려는 박근혜에게 질문을 던졌다. 나가던 대통령이 다시 마이크 앞에 섰다. 드디어 질의응답이 이루어지나 싶었지만, 박근혜는 흔들리지 않았다. "오늘 무거운 말씀을 드렸기 때문에 가까운 시일 내 자리를 갖고 경위에 대해 말씀을 드리겠다." 대국민담화 때 한 약속이 다 그렇듯, 이 약속 역시 지켜지지 않았다. 오히려 박근혜는 신년간담회 때 갑자기 기자들을 불러 자신의 억울함을 일방적으로 토로하는, 조촐한 4차 담화를 했다.

박근혜는 왜 질의응답을 못할까? 논리력이 없어서다. 질의응답의 전제조건은 상대방의 말을 듣고 이해해야 하며, 그 이해를 바탕으로 적절하게 답변할 수 있어야 한다. 이를 위해 필요한 게 바로 논리력이며, 이 역시 책을 통해 길러지는 덕목이다. 예를 들어 모든 소설은 현실보다 치밀한 세계관을 바탕으로 하며 훨씬 더 논리적이다. 그래서 소설을 읽으면 우리는 현재에서 일어나는 일들도 논리적으로 생각하게 된다. 예컨대 어떤 주인공이 올림머리를 좋아한다면, 거기에는 반드시 이유가 있다. 나름 인기 있던 어머니를 흉내 내기 위함이라든지 말이다.

책을 읽자. 이를 통해 길러진 통찰력은 세상과 사람을 제대로 꿰뚫어 볼 수 있게 해 준다. 그리고 공감능력과 논리력으로 상대를 이해하고 나를 표현하면서 우리는 서민적 정치의 목소리를 점점 키울 수 있게 된다.

"다른 사람의 처지를 생각할 줄 모르는 생각의 무능은 말하기의 무능을 낳고 행동의 무능을 낳는다."

한나 아렌트(Hannah Arendt)는 그의 명저 《예루살렘의 아이히만》을 통해 악은 너무나 평범하며, 그 시작은 사유하지 않음에서 비롯되었다고 분석한다. 우리가 보통 괴물을 말할 때면 판타지 소설 속 특별한 무언가라 생각하지만, 괴물은 아이히만처럼 자신의 일이 타인에게 어떤 영향을 미칠지 생각하지 않고 태연하게 끔찍한 일을 저지르는 존재들이다. 특정 집단이나 지역에 대해 아무렇지 않게 혐오 발언을 내뱉거나, 타인의 고통에 공감하지 못하고 사회적 약자에 대해 관심을 가지지 않는다면, 우리도 누군가에겐 무시무시한 괴물일지 모른다. 타인과 의견을 나누고, 책을 읽으며 세상과 사람에 대해 생각하자. 이것이 서민적 정치를 위한 첫걸음이다.

스타 과학자 페보를 아시나요?

리더의 역할

페보가 훌륭한 과학자인 이유

정치에서 리더는 어떤 사람이어야 할까? 지난 4년간 특히 '근혜체'라 불릴 정도로 기본적인 문장구조조차 제대로 맞추지 않고 말하는 대통령을 보며 국민들은 '소통할 수 있는 대통령'이 절실했을 것이다. 이럴 때 나는 스반테 페보(Svante Paabo) 박사를 생각하곤 한다. 과학자와 정치인이 무슨 상관이냐고, 정치인은 정치만 잘하면 되고 과학자는 실험만 잘하면 훌륭한 과학자라고 생각하는 사람도 있을 것이다. 하지만 과학자든 정치인이든 누군가를 이끌어야 하는 지위에 있는 사람은 비슷한 덕목을 요구받게 된다. 첫째, 자신이 무엇을 하려는지 확실한 목표를 정해야 한다. 둘째, 목표를 정하면 거기에 맞게 사람을 모아 팀을 꾸리고, 셋째로는 그들이 열심히 일할 수 있게 잘 관리하면 된다.

페보 박사는 네안데르탈인의 DNA 염기서열을 분석함으로써 스타 과학자가 되었다. 최근 출간된 《잃어버린 게놈을 찾아서》* 는 자신의 30년 연구 인생을 정리한 책인데, 이 책에서 가장 흥미로웠던 것은 페보가 성공적인 연구 생활을 할 수 있었던 이유였다. 위에서 언급한 첫째, 둘째야 남들도 어느 정도 할 수 있지만, 페보에겐 남들이 어려워하는 셋째를 잘하는 비결이 있었다. 팀장인 페보가 일방적으로 팀에 일을 지시하고 결과를 독촉하는 흔한 방법을 사용하는 대신, 팀원들이 납득하지 못하는 부분이 생기면 언제든지 이의를 제기할 수 있는 분위기를 만든 것이다. 이렇게 민주적인 분위기를 유지하면 장점이 많다. 첫째, 좋은 아이디어는 팀원들이 자유롭게 자기 의사를 표현하는 와중에 나올 수 있다. 페보가 숱한 난관을 뚫을 수 있었던 것도 그 덕분이었다. 둘째, 연구원이 주인의식을 갖는다. 교수가 시키는 대로 하면 의욕이 생기지 않고 일도 수동적으로 하게 되지만, 교수가 원하는 결과를 위해 뛰는 것이 아닌 연구원 자신의 의지도 반영될 수 있는 연구라면 사정이 다르다. 이의 제기가 가능하고, 내 말이 연구팀 전체의 결정에도 반영될 수 있다고 생각하면 연구의 질 자체가 달라진다.

* 스반테 페보, 《잃어버린 게놈을 찾아서: 네안데르탈인에서 데니소바인까지》, 김명주 옮김, 부키, 2015년.

실제로 페보의 연구원들은 며칠씩 집에 들어가지 않아도 좋다는 태도로 연구에 임했다. 하지만 과정을 열어 두고 팀원들의 의견을 적극적으로 수렴하겠다던 페보조차 이 시스템이 답답할 때가 여러 번 있었다고 한다. 팀원들도 뛰어나겠지만, 그래도 이 분야 최고전문가인 자신이 하자는데 남들이 반대를 하면 짜증이 나지 않겠는가? 그래서 페보는 "교수의 말이 곧 법이던 독재시대로 돌아가고 싶다는 생각도 가끔씩 했"지만, 민주적 분위기의 장점이 사라질까 봐 "다수의 의견에 잠자코 따랐다. 우리 팀의 값진 자산인 생각을 자유롭게 교환하는 분위기에 찬물을 끼얹고 싶지 않았기 때문"이라고 말했다. 페보의 솔직한 이 말은 여러 생각이 들게 한다. 자유롭고 편안한 소통은 사람들에게 수많은 가능성을 열어 주지만, 시간도 많이 걸리는 것이 사실이다. 그러나 시간을 효율적으로 사용한다는 이유로 의사소통의 과정을 축소시켰다면, 페보의 팀이 가진 자산을 놓쳤을 것이고, 결국 네안데르탈인에 대한 획기적인 업적을 만들 수 없었을 것이다. 리더가 이렇게 중요하다.

침묵하는 리더, 괴로운 국민

그 중요성과 업무량에서 비교할 바는 아니지만, 대통령이 하는 일도 과학자와 다르지 않다. 달성 가능한 국정목표를 설정하고, 그 목표에 맞는 사람들을 모아 일을 나눠 주고, 그들이 일을 잘할 수 있도록 독려하는 게 대통령의 일이니까. 안타깝게도 박근혜 전 대통령은 그 일을 잘 해내지 못했다. 국정목표부터 그랬다. 최우선 과제로 꼽은 '창조경제'라는 말을 제대로 이해하는 측근이 드물었기에 해당 분야 장관으로 오는 이들은 "창조경제가 뭐냐?"라는 질문 공세에 진땀을 흘려야 했다. 목표를 모르면서 열심히 일할 수는 없는 노릇. '안전과 통합의 사회'를 비롯해서 5대 국정목표가 대부분 달성되지 못한 것도 당연한 일이었다. 그렇다고 목표에 맞는 사람들을 모으려 노력하지도 않았다. 정부의 인사 기준은 오직 '대통령과 친하냐?'였고, 친한 사람들을 주로 등용하다 보니 역대 어느 정부보다 더 심한 영남 편중 인사가 될 수밖에 없었다. 박근혜 전 대통령은 "인재 위주로 인사를 하다 보니 어떤 때는 이쪽이 많기도 하고, 어떤 때는 저쪽이 많기도 하다"라며 겸손해했지만, 차라리 내가 영남에 오래 살아서 그렇다고 말하는 게 훨씬 더 설득력이 있을 듯하다.

페보 박사와는 전혀 다르지만, 박근혜 전 대통령에게도 수많은 장점이 있었다. 첫째, 자기관리가 뛰어나다. 대통령이 되기 전부터 탄핵되어 구속 수감되기 직전까지 똑같이 '올림머리 스타일'을 고수했는데, 그 스타일은 시간이 아주 오래 걸리지만 올림머리에서 향수를 느끼는 지지자들을 위해 그는 시간을 아까워하지 않았다. 프랑스에서는 대머리에 가까워 보이는 올랑드 대통령이 개인이발사에게 고액의 연봉을 줬다는 이유로 이발사스캔들이라 불리며 지지율이 4%까지 하락했으니, 어쩌면 대통령의 머리 관리는 국정의 일환일지도 모르겠다. 둘째, 보기 드문 효녀로 돌아가신 아버지에 대해 누가 뭐라고만 하면 불같이 화를 냈다. 셋째, 사람을 뽑을 때 능력보다는 자신에 대한 충성심을 더 높이 사서, 공직 기강을 잡는 데 누구도 따라갈 사람이 없었다. 넷째, 가끔씩 유체를 이탈하는 초인적인 능력을 보여 줬다. 다섯째, 노트 필기의 달인이었다. 여섯째, 뚜렷한 안보관을 가지고 있어 북한으로부터 우리나라를 보호하는 데 적격이었다.

이토록 장점이 많은 박근혜 전 대통령도 페보 박사의 장점으로 꼽히는 민주적인 분위기를 만드는 데는 영 재주가 없었다. 그는 자신의 말에 토를 달지 못하는 분위기를 조성했고, 혹시라도 이의를 제기한 사람이 있으면 철저히 응징했다. 물론 뜻이 안 맞는 사람을 내쳐야 할 경우도 없지는 않다. 페보 박사 역시 낡은 기법만 고집하는 과학자와 결별하기도 했으니 말이다. 그러나 몇몇 측근들에 대한 그의 응징은 그저 어이상실이었다. 검찰총장은 국정원 댓글 사건을 열심히 수사하다 쫓겨났고, 여당 대표와 대립각을 세웠던 이유는 그가 총선에서 안심번호 국민공천제를 하겠다고 야당과 합의했기 때문이다. 안심번호 국민공천제가 나쁜가? 아니다. 청와대는 민심이 왜곡될 수 있고 세금이 들어간다며 반대 이유를 내걸었지만, 속내는 이 제도로 인해 대통령 자신이 국회의원 공천권을 마음껏 휘두르지 못하는 게 싫었기 때문이다. 이런 분위기에서 국민을 위해 나설 사람이 누가 있겠는가? 다들 숨을 죽이는 세상에서 대통령의 친위대인 '친박'들의 목소리만 날로 높아졌다. 국가의 리더인 대통령의 예가 어딘가 극단적이기도 하지만, 학교든 직장이든 쉽게 이의를 제기하기 힘든 분위기인 것은 사실이다. 리더의 말이 곧 법이라, 되든 안 되든 따라야 하는 경우가 대부분이고, 문제 제기를 몇 번 했다가 해고되는 경우도 많다. 평범한 직장이나 학교도 이런 분위기가 팽배한데, 박근혜 전 대통령은 자신의 말대로 따르지 않는 사람을 수첩에 적어 두기까지 했다고 한다.

민주적 리더십은 옵션이 아니라 필수

정치에서 민주적인 소통 과정은 옵션이 아니라 필수다. 물리학이나 수학처럼 일치된 결론을 내기가 비교적 수월한 자연과학과는 달리, 사회는 이해관계가 충돌하는 사람들이 더불어 살아가는 복잡한 세상이다. 사람들의 엇갈리는 이해관계는 각자가 생존하는 기반과 다름이 없다. 그래서 사람들은 모두 기를 쓰고 자신의 삶을 지키기 위해 목소리를 높인다. 특정 계급이 다수의 서민을 대표하는 정치도 크게 다르지 않다. 단군 신화의 환웅처럼 하늘에서 내려온 사람이 아닌 이상 자신과 가족, 측근의 이해관계에 매인 채 사회를 바라보게 된다. 그들이 내린 결론이 '당신들의 천국'에서는 진리일지 몰라도, '우리들의 현실'에서는 터무니없는 궤변일 수 있음을 우리는 역사를 통해 숱하게 배워 왔다. 이번 탄핵 정국도 다르지 않다.

그렇기에 우리는 대한민국 헌법의 첫머리에 "대한민국은 민주공화국이다"라고 새겨 넣고 민주적인 정치를 추구하기 위해 애쓴다. 이를 위해 리더는 자유롭고 관대한 토론을 통해 서로 다른 입장에 놓인 이들의 다양한 의견과 비판을 경청하고 갈등을 최소화할 수 있는 대안을 마련해야 한다. 때로 지리멸렬한 갈지자 걸음을 걷는 듯한 사회 현실을 보며, 리더의 말이 곧 법이던 시절이 그리울 수도 있다. 모두들 군대의 행진처럼 일사불란하게 줄을 지어 가던 그때로 돌아가고 싶을 수도 있다. 그러나 민주공화국의 리더라면 이러한 모든 시도에 강력하게 레드카드를 들어야 한다. 우리가 민주적인 소통 과정을 국가 운영의 '제일 준칙'으로 기리는 이유는 그것이 우리 공동의 삶을 보호할 수 있는 최선의 방법이기 때문이다.

관심을 먹고 자라는 정치

민주주의를 유지하기 위한 감시

요순시대의 〈격양가〉를 넘어

지금으로부터 4천여 년 전, 요임금은 천한 옷차림으로 시찰을 나갔다가 한 농부가 배를 두드리고 발을 구르며 다음과 같은 노래를 부르는 장면을 목격했다.

> 해가 뜨면 일하고(日出而作)/해가 지면 쉬고(日入而息),
> 우물 파서 마시고(鑿井而飮)/밭을 갈아 먹으니(耕田而食),
> 임금의 덕이 내게 무슨 소용이 있으랴(帝力于我何有哉)

이것이 바로 〈격양가〉(擊壤歌)다. 자신이 알아서 잘 먹고 잘 사는데, 임금이 내게 해 준 게 뭐가 있느냐는 뜻이다. 대부분의 임금님이었다면 "어찌하여 태평성대를 만들어 준 내 공을 모르는가!"라며 서운해하거나 화를 내셨을지도 모르겠지만, 천하의 성군 요임금은 그러지 않았다. 오히려 그 농부가 행복해하는 것을 보고 자신이 정치를 잘하는구나 싶어 기분이 좋았다고 한다. 이후 〈격양가〉는 정치하는 사람들이 목표로 삼는 하나의 이상으로 자리 잡았다. 그렇다면 우리가 바라는 정치는 요순 시대처럼 정치가 있는지 없는지 모르는 상태인 것일까? 그것은 아니다. 그때와 지금은 엄연히 다르다. 일단 그 시대에는 왕이 죽을 때까지 통치를 했다. 요임금만 해도 무려 50년이나 나라를 다스렸단다. 한번 왕위에 오르면 국민들이 정상적인 방법으로는 왕을 끌어내릴 수도 없었다. 그저 좋은 사람이 왕위에 오르기를 기대하는 게 고작이었다. 왕이 나라를 도탄에 빠뜨린다 해도 어쩔 도리가 없었다. 내란을 일으킬 수는 있지만, 성공 확률이 워낙 낮은 데다 잘못되기라도 하면 삼족을 멸하는 처벌을 받으니 함부로 할 수가 없었다. 바란다고 되는 게 아니라면 사람은 체념하게 된다. 정치에 무관심해질 수밖에 없다는 이야기다. 그 농부는 먹고 살기가 편해 배를 두드렸다지만, 그 반대의 경우라 해도 삶은 원래 힘든 거라고 애써 웃음 지으려 했을 것 같다.

지금은 다르다. 우선 요임금 같은 성군을 기다릴 필요 없이 우리가 직접 선거를 통해 지도자를 선출한다. 그 지도자가 제대로 된 역할을 하지 못한다면? 많은 사람들이 직접 거리로 나서서 자신의 주장을 전할 수 있다. 민중의 힘은 대통령마저 끌어내릴 만큼 강력하다. 박근혜 전 대통령의 경우를 보자. 국회가 탄핵에 대해 미적미적할 때, 국민들은 촛불을 들고 나와 자신이 무엇을 원하는지 똑똑히 보여 줬다. 여당 의원들마저 탄핵에 대거 찬성한 것도 성난 민심이 무서웠기 때문이다. 이렇게 할 수 있는 게 많아지면 정치에 대한 관심도 높아진다. 게다가 지금은 인터넷이 있어 정치권에서 일어나는 모든 일들이 국민들에게 전달된다. 그 정보를 바탕으로 국민들이 정부를 감시하며, 자신의 목소리를 전달하는 시스템이 바로 민주주의다.

중우정치가 아닌 민주주의

국민들이 전해지는 정보를 바탕으로 정부를 감시하고 자신의 목소리를 전하는 시스템, 언뜻 보면 쉽게 느껴지지만 이것이 실현되기 위해선 전제가 필요하다. 먼저 국민들이 정보를 올바르게 판단해야 한다. 만약 그렇지 못한다면 어떻게 될까? 각국의 정치사에서 국민들이 제대로 판단하지 못해 문제가 되었던 적은 무척 많다. 독일에서 히틀러를 총통으로 추대한 것은 다수 국민들의 적극적인 지지였다. 2,400여 년 전에 소크라테스가 사형에 처해진 것도 다수가 유죄라고 투표했기 때문이다. 과거의 사례가 아니어도 우리 역시 경험한 적 있다. 18대 대선 당시 국민 51%는 박근혜 후보를 선택했다. 근소한 차이긴 하나 다수의 선택이 낳은 결과를 보자. 그들로 인해 우리는 국가시스템이 붕괴하는 것을 4년 내내 지켜봐야 했다.

이런 상황에서 루머와 가십으로 소비되는 정보들을 제대로 분별하고, 또 합리적 의심에 따라 사안의 진위를 판별할 수 있는 의사소통 과정이 필요하다. 민주주의에서는 투표권을 행사하는 것뿐만 아니라 우리를 둘러싼 세계에서 넘쳐 나는 수많은 정보를 취합해 어떻게 제대로 된 결론에 도달할지도 중요한 문제다. 하지만 지금 우리는 정보의 진위보다 보수/진보의 프레임에 따라 정보를 판단하고, 나와 공명(共鳴)하는 이익집단의 논리에 따라 정보를 취합하여 선택하는 것 같다.

혐오의 정치, 정치의 혐오

오직 '지지'에만 마음을 움직이고 이해의 폭을 그 안에만 두려다 보니 냉정한 판단의 여지는 들어설 자리가 없다. 이런 예는 대선후보 지지에서도 잘 드러나는데, 인터넷 공간 안에서 벌어지는 후보 지지자들 사이의 격렬한 다툼과 분열은 이제는 너무나 익숙한 풍경이다. 이런 성향은 자신이 지지하는 후보는 절대시하면서 지지하지 않는 후보는 악마로 매도하는 태도에서 잘 드러난다. 2017년 3월 8일, 세계 여성의 날을 맞아 야권 대선후보들은 여성 정책에 대해 정견을 발표했다. 한 야당 후보에게 사회자가 낙태죄 폐지를 어떻게 생각하느냐고 질문한다. 그 후보는 당황한 표정을 지으며 다음과 같이 말한다. "정말로 곤란한 질문인데⋯⋯ 아까 다른 후보님을 보니까 미리 답을 다 알고 계셨던 것 같아요. 다 알고 딱 써 가지고 온 게 있는데."*

말을 잘하는 후보라도 당황할 수밖에 없는 질문이다. 낙태의 찬반은 쉽게 말하기 어려운 민감한 주제다. 미국에서도 수십 년간 논쟁 중인 이 문제를 명료하게 설명하기는 쉽지 않다. 그 후보는 "왜 나한테만 어려운 질문을 하느냐?"라고 투정을 부렸다. 귀엽게 봐 줄 수도 있었다. 다른 후보들도 웃음으로 화답했다. 어쩌면 '나한테 묻지 않아서 다행이다'라고 생각했을지도 모르겠다. 속내야 어떻든 분위기는 화기애애했다. 그런데 그 사건에 달린 댓글들이 너무 살벌하다. 몇 개만 옮겨 본다.**

- 인성이 드러나네요.
- 저런 게 징그럽고 뱀 같다는 거예요, 느물느물 교활.

참고로 이런 날 선 댓글들이 오고 간 인터넷 커뮤니티는 유저들이 대부분 야당 성향이고 박사모가 글을 남기면 욕으로 융단폭격을 당하는, 지극히 상식적인 곳이다. 때문에 비슷한 성향의 야당 후보에게 퍼부어지는 저 욕설은 그저 아연하다. 그가 한 행동은 그냥 웃어넘길 수 있었던 일이다. 이번에는 야당의 다른 후보가 같은 질문에 대해 인터뷰를 한

---

* 오마이뉴스TV, 2017년 3월 8일.

** www.mlbpark.com

유튜브 영상에 달린 댓글을 보자.

- 또 수첩 보고 읽는 인간이 대통령으로 나온단 거야?
- 국회의원 때도 실적이 없는데, 대통령이 되면 하신다구요?

비판적인 댓글만 추린 게 아니라 대부분의 댓글이 모두 이런 식이다. 아직 어느 후보도 여성을 위한 특별한 정책을 준비한 상태는 아니었다. 그러다 보니 찬반으로 나누기 어려운 낙태 문제 같은 경우는 준비된 내용을 읽는 것이 차라리 안전한 선택일 수도 있다. 그러나 충분히 있을 법한 상황조차 내가 지지하지 않는 후보에게는 치명적 단점이 된다.

어느새 우리는 스스로의 영역을 점점 더 좁게 만들고 있는지 모른다. 나와 생각이 같지 않다면, 모두 적이 된다. 정보는 넘쳐 난다지만 내가 보고 싶은 것만 사실이 된다. 언론들이 프레임 장난을 하는데도, 원하는 것만 보고 있으니 거기서 벗어나질 못한다. "그 사람도 좋지만 그래도 나는 이러이러한 점에서 저 사람이 더 마음에 들어"라고 말하기보다 그 사람의 단점만 강조한다. 선명한 지지가 선명한 비난은 아닐 텐데, 우리는 자신이 지지하지 않는다는 이유 하나로 상대 후보를 깎아내린다. 다들 혐오는 나와 먼 이야기라 생각하지만, 바로 이런 태도가 혐오다. 자기 후보를 좋아할 이유보다 상대 후보를 깎아내리기에 더 바쁘고, 자기 후보에 대한 공격은 모조리 음모다. 앞서 언급한 인터넷 커뮤니티에서는 야당 후보를 지지하는 이들의 막말을 우려한 〈경향신문〉 사설에 대해 다음과 같은 명쾌한 진단을 내렸다.

"〈한겨레〉, 〈오마이뉴스〉, 〈경향신문〉의 지극히 잘못된 논조가 참여 정부 시절부터 극심했던 것은 알고 있죠. 전라도 지식인층이 대거 자리 잡은 기자단과 논설위원 등 간부직 기자들의 대부분이 엘리트 층이라 노무현 전 대통령을 매우 못마땅해했다고 하더군요. 누구를 편드는 것이 아니라 이들의 논조는 매우 비판받아야 할 듯하네요."*

요새는 얼굴을 대면하지 않는 인터넷 공간이 공론장이다. 인터넷이 좋기야 하지만 익명성에 기대어 상대가 보이지 않고 나를 볼 수도 없다는 이유로 우리는 얼마나 험악해지는가? 정치 게시판이 매일 싸움으로 밤을 지샐 수밖에 없는 것은 이런 이유 때문이 아닐까? 이런 과정이 반복되면서 결국 정치 자체를 혐오하게 된다.

그래도 감시는 해야 한다

이 과정에서 민주주의에 가장 필요한 감시 기능이 소홀해진다. 박근혜 정부에서 벌어진 일들이 거의 그렇다. 특히 보수층의 결집 현상을 보면,

* www.mlbpark.com

이들이 지키고 싶어 하는 보수적 가치는 보이지 않고, 진보진영에 대한 격렬한 반대가 이들의 지지기반이 아닐까 싶다.

이를테면 잘 진행되고 있는 검정교과서 체제를 국정교과서로 전환하겠다고 박근혜 전 대통령이 말했을 때, 많은 사람들이 시대에 역행하는 일이라며 비판했다. 그러자 보수층은 대통령을 지키기 위해 국정교과서 체제가 꼭 필요하다고 옹호한다. 미루어 짐작해 보면 보수층이 그러는 이유도 이해가 간다. 평소 박 전 대통령을 좋아하던 이가 갑자기 비판을 하면 '이유가 있겠거니' 생각하지만, 진보진영은 박근혜 전 대통령이 하는 일은 모두 반대하니 국정교과서도 그런 차원에서 반대하는 것이라고 생각한다. 매사가 이런 식이니 옳고 그름의 경계가 희미해진다. 이것이 보수만의 문제일까? 우리 역시 특정 정당 혹은 특정 정치인이 하는 일은 모두 삐딱하게 보는 태도를 버리고 칭찬할 일은 칭찬하면 안 되는 것일까. 칭찬할 점이 없다면 과감히 비판하는 자세도 필요하다. 하지만 잘했을 때는 서로 과감히 칭찬도 해 주자. 잘한 일에는 국민여론의 94%가 잘했다는 쪽으로 나오고 잘못한 일에는 국민의 85%가 그 잘못을 꾸짖는다면, '이것은 하면 안 되겠구나'라고 마음을 고쳐먹지 않겠는가? 칭칭욕욕, 칭찬할 일은 칭찬하고 욕할 일은 욕하는 불편부당함이야말로 민주주의를 제대로 감시하기 위한 첫 번째 조건이다.

서로의 차이를 인정하고, 옳고 그름의 경계를 명확하게 세우는 것이 정치 감시를 위한 첫 번째 조건이라면, 두 번째로는 감시를 하는 과정에서 불이익이 없어야 한다. 우리나라는 그간 정부를 비판적으로 바라보는 사람들을 정부기관이 직접 사찰하거나 블랙리스트를 만들어, 언론의 자유와 표현의 자유를 차단해 왔다. KB한마음 대표를 지낸 김종익 씨는 우연히 당시 이명박 대통령을 비판하는 소위 쥐코 동영상을 보고 자신의 블로그에 퍼왔다. 그 뒤 벌어진 일은 다음과 같다.

> 김종익 씨가 동영상을 스크랩한 후 얼마 지나지 않아 공직윤리지원관실은 국민은행 측에 김종익 씨를 조치하라 압박했다. 회사대표직 사임과 주식 이전을 요구받은 김종익 씨는 결국 모든 것을 포기하고 일본행을 선택했다. 하지만 그는 대통령 명예훼손 혐의로 기소됐다.*

민주주의에서 감시라는 기능이 정부의 권한 남용에 집중되는 현실을 감안하면, 민간인 사찰은 국민들이 표현하고 발언할 수 있는 폭을 더더욱 좁게 만든다. 박근혜 정부는 어떤가? 문화융성사업을 추진하겠다더니 대통령을 비판하는 세력을 종북이라 규정짓고, 정권에 비판적인 문화예술인에게는 지원을 하지 않겠다며 소위 블랙리스트까지 작성했다. 좁은 공간 안에서 소리 내어 말하는 사람마저 탄압하는 분위기에서 과연 누가 함께 논의하는 자리로 사회적 문제들을 끌어올 수 있을까?

그렇다면 민주주의에서의 감시는 요원한 것일까? 한 가지 방법은 대통령이 하는 일의 투명성을 좀 더 높이는 것이다. 프랑스의 경우를 보

* 'PD수첩', 민간인 불법사찰 의혹 …… '쥐코 동영상' 궁금증 폭주, 〈tv리포트〉, 2010년 6월 30일.

자. 14세기부터 운영되던 왕립문서고에 기반을 둔 국가기록원은 국가적 회의나 정치적 결정 과정에 있었던 모든 기록을 보관하고 있다. 이번 특검수사의 결정적 단서를 제공한 '종범실록'도 투명한 기록의 힘이 보여 준 승리다. 박근혜 전 대통령의 말이 워낙 모호해 나중에라도 이해하기 위해 하나하나 받아 적다 보니, 박근혜-최순실 게이트의 진행 과정이 모두 종범실록 안에 녹아 있게 된 것이다. 그렇다면 서기가 국무회의를 비롯한 대통령이 참석하는 모든 회의에서 어떤 얘기가 오갔는지 모조리 적으면 어떨까? 그 자료는 절대 폐기해선 안 된다. 뿐만 아니라 국민이 요구하면 정보 공개도 활성화되어야 한다. 이미 스웨덴은 외국인도 스웨덴 국가기관에 정보 공개를 요구하면 바로 볼 수 있도록 했다. 스웨덴처럼 하기 어렵다면 기록된 내용을 국회의 의결만 거치면 누구든 볼 수 있게 만드는 것이다. 이렇게만 된다면 대통령이 공무원들에게 범죄에 가담하라고 명령을 내릴 때 부담을 느끼지 않겠는가? 국민들 또한 정확하지 않은 사실에 대해 댓글로 소모적인 논쟁을 벌이는 일이 줄어들 테고. 조선시대에도 사관이 따라다니며 왕의 일거수일투족을 적었다는데, 지금 그렇게 못할 것은 없다. 꼭 이게 아니더라도 제대로 된 감시를 할 방법을 찾아보자. 훌륭한 인성을 지닌 대통령이 당선되기만을 바라는 것은 확률적으로 너무 희박한 일이니 말이다.

우리 시대의 〈격양가〉, '정의와 진실'

국가로부터 버려진 국민

만인에 대한 만인의 투쟁

2017년 트렌드코리아가 발표한 올해의 키워드는 각자도생(各自圖生)이었다. 트렌드코리아가 트렌드에 뒤처진 이야기를 꺼낸 것은 아닐까 싶을 정도로, 이 험난한 세상에서 안전망 없이 혼자 생존하는 방법을 모색한 지는 이미 오래되지 않았는가. 나는 각자도생이라는 단어가 한국 정치의 현실을 알려 주면서 동시에 정치의 후퇴를 말하는 것 같았다. 시곗바늘을 거꾸로 돌려 17세기의 인물 토마스 홉스(Thomas Hobbes)를 불러내 보자. "사람은 사람에게 있어 늑대"(Homo homini lupus)라는 유명한

라틴어 경구가 있다. 그 말을 홉스도 사용했는데, 자연 상태에서 인간은 늑대처럼 행동하려는 성향이 있다는 것이다. 홉스에 의하면 인간은 태어나면서부터 평등하고, 자신의 생명을 유지하기 위해 자신이 원하는 대로 힘을 사용할 자유를 자연권으로 갖고 있다. 얼핏 들으면 동등한 힘을 가졌으니 어떤 문제가 있을까 싶겠지만, 자신에게 위해를 가할 수 있는 타인보다 우월한 위치에 서기 위해, 혹은 불안한 자신의 위치에서 벗어나기 위해 사람들은 경쟁 상태로 들어가게 된다. 이런 경쟁은 사람을 늑대로 만들고, 결과적으로는 "만인에 대한 만인의 투쟁"인 전쟁이라는 비극으로 치닫는다. 그가 말하는 리바이어던, 다시 말해 개인 간의 계약에 따라 절대주권을 갖는 국가가 탄생하는 것은 전쟁 상태를 멈추려는 바로 이 지점이다. 그런데 우리는 어떤가? '만인에 대한 만인의 투쟁'에서 벗어나 있을까? 전쟁 상태를 멈출 국가는 과연 존재하고 있을까?

세월호, 각자도생 시대가 보여 주는 참혹

2014년 4월 16일, 세월호 참사가 일어났다. 사람을 구해야 하는 국가기관은 제대로 기능하지 않았고, 우리는 무력하게 수많은 생명들이 죽어가는 것을 지켜봐야 했다. 모두에게 트라우마로 남을 이 참사는 2017년 현재까지도 명확한 사고 원인이 밝혀지지 않은 채, 유가족들의 가슴에

못을 박고 있다. 초반 몇 달을 제외한다면, 사람들은 세월호 유가족들을 끊임없이 비난하기 바빴다. 세월호 관련 기사가 나올 때 어떤 누리꾼들은 이런 댓글을 달았다.

- 세월호 사건은 놀러 가다가 교통사고가 난 것에 불과하다. 그런데 왜 정부한테 뭐라고 하느냐?
- 돈 10억씩 받고도 모자라 더 받아 내려고 이러나?

참사의 원인이 컨트롤타워로 표현되는 리더의 재빠른 대처 부족 때문이었음에도 불구하고, 당시 여당 정치인들은 세월호 참사를 일종의 교통사고라 칭했다. 많은 이들이 그 표현에 반발했으나, 여론은 조금씩 변해 갔다. 특히 포털 사이트에 달린 댓글에서 그랬다. 진상을 규명해 달라는 유가족들의 요구를 정부로부터 더 많은 돈을 뜯어내기 위한 협상 전략이라 말하는 사람도 있었다. 이러한 댓글에 대해 사람들은 처음에는 문제가 있다고 비판했지만, 계속되자 사람들도 무심하게 지나갔다. 세월호 참사로 동생을 잃은 언니는 한 인터뷰에서 이렇게 말한 바 있다. "악성 댓글보다 교통사고라고 하는 게 더 속상해요."

세월호 참사의 명확한 원인을 알고, 아직도 수습되지 못한 시신을 거두기 위해 유가족들은 꾸준히 선체 인양을 주장해 왔다. 앞으로 다시는 이러한 참사가 일어나지 않도록 막기 위해서라도 인양은 당연하다. 그러나 세월호 인양에 반대하는 이들도 한둘이 아니었다. 세월호 인양이

뭐가 중요하냐고, 아까운 세금을 세월호 인양에 쓰는 대신 다른 곳에 쓰는 게 좋겠다고 생각하는 사람들도 있었다.

그래서일 것이다. 정부가 세월호 유가족을 홀대했던 까닭이. 오로지 지지율에만 신경을 쓰는 그들이 세간의 여론을 모를 리 없었다. 그들은 세월호 진상규명특조위를 '세금 도둑'이라 비난하고, 활동을 방해했다. 2015년 4월 세월호 참사 1주기를 앞두고 정부는 진상조사 대신 유가족들에게 거액의 배·보상금을 제시했다. 배·보상금이라는 것이 사고의 진상이 다 밝혀진 뒤 지급하는 돈이라는 점에서 이는 '진상이고 뭐고, 이제 그만 입을 다물라'는 협박이었다.

국정 최고책임자로서 세월호 사고에 책임이 있는 박근혜 전 대통령은 2015년 4월 16일, 남미 순방을 떠났다. 청와대 관계자에 따르면 원래 18일에 출국할 예정이었는데 콜롬비아 대통령이 제발 좀 와 달라고 부탁해서 출국일을 이틀 앞당겼단다. 이유가 무엇이든 이것은 대통령이 그만큼 세월호 참사를 무시했다는 증거가 아니겠는가? 이런 대통령이 다른 사건이라고 관심을 기울이긴 했을까? 국가의 수반인 대통령조차 국민을 무시하는 나라에서 팍팍한 우리네 삶이 과연 나아지기는 할까?

메르스, 해결되지 않은 위기의 연장

2015년에 발생한 중동호흡기증후군(MERS, 메르스) 사태에 대한 박근혜 정부의 대응 역시 세월호 참사에 대처할 때와 다르지 않았다. 정부의 대응이 완벽해서 첫 번째 감염자 이외에 메르스 환자가 더 나오지 않았다면 다들 메르스가 무엇인지조차 알지 못한 채 살았겠지만, 국민들의 평온한 일상을 용납하지 않는 정부 덕분에 초등학생들조차 메르스를 입에 달고 사는 풍경이 연출되었다.

2003년 중증급성호흡기증후군(SARS, 사스)이 전 세계를 강타할 때, 우리나라가 사망자 한 명 없이 그 위기를 극복해 낸 데는 정부의 역할이 컸다. 당시 김화중 보건복지부 장관의 전문성과 고건 총리의 행정력, 사스 예방에 대한 국민적 캠페인이 맞물려 이웃 국가에서 수많은 사망자들이 나왔음에도 우리는 그 위기를 잘 넘겼다. 하지만 박근혜 정부는 달랐다. 메르스 사태는 총체적인 난국이었다. 당시 문형표 보건복지부 장관은 보건복지 분야를 잘 모르는 경제학 전문가였고, 최경환 기획재정부 장관은 사퇴한 이완구 총리의 역할을 대행하고 있었다. 총리까지는 아니지만 나 역시 고등학교 시절 임시 반장을 해 봐서 안다. '임시'나 '대행' 같은 말이 붙으면, 상황에 대한 적극적 대처보다는 이 상황을 큰 탈 없이 넘기려는 소극적인 마음이 사람을 지배하게 된다. 세월호 참사 이후에도 정부의 위기관리 능력은 나아지지 않았다. 메르스 감염자가 나온 뒤에도 정부는 의료적 처치나 확산 방지보다 "메르스와 관련해 유언비어를 퍼뜨리면 처벌한다"라는 지시만 내렸다. 그러다 메르스 확진 14일 만인 2015년 6월 3일에서야 정부는 민관합동 긴급점검회의를 열었다. 그 자리에서 대통령은 "태스크포스 팀을 만들겠다", "더 이상 확산이 되지 않도록 만전을 기하겠다"라고 말했는데, 그때는 이미 2명의 사망자와 3차 감염자까지 발생한 뒤였고, 많은 국민들이 마스크를 쓰거나 외출을 삼가고 있는 중이었다. 세월호 참사 때 배 안에 있던 사람들이 고스란히 희생된 것처럼, 2015년 대한민국은 사우디아라비아에 이어 메르스 환자 수가 가장 많은 나라가 되었다. 그야말로 메르스 강국이었다.

지난 대선에서 우리 국민들은 위기관리보다 자기관리를 더 중시하는 대통령을 뽑았다. 자기관리가 뛰어난 대통령을 보는 일은 무척 즐겁지만, 이것 한 가지는 명심하자. 박근혜 정부는 우리 국민들의 생명과 안전을 지켜 주지 못했다. 세월호 참사 때도 메르스 사태 때도 정부의 대처는 없었다. 그래서 우리는 자신의 안전은 스스로 지킨다는 각오로 버텨야 했다. 각자도생은 트렌드가 아니라 일상이었다. 살아남는 것보다 더 중요한 가치는 없으니 말이다.

박근혜－최순실 게이트 이후 세월호 참사는 다시금 조명되기 시작했다. 이제야 세월호 침몰 원인과 사건 당일 7시간 동안 대통령의 행적에 대한 진상을 밝히라는 요구가 빗발치고 있다. 메르스 사태는 시간이 가면서 사그라들었지만, 세월호 참사는 벌써 3년을 넘기고 있다. 정부는 이미 우리를 혼자서도 생존할 수 있는 강인한 인간으로 만들어 줬다. 국가에 바라는 것 없이 모든 일을 제힘으로 알아서 해결하는 인간형. 결국 사람들은 이제 국가에 아무것도 기대하지 않는다. 덕분에 경기 불황으로 삶의 수준이 밑바닥까지 떨어졌어도 국가에 의존하지 않고, 심지어 큰 재난이 났을 때 국가가 나를 구해 줄 것이라는 기대를 버린 지 오래다.

우리는 정치를 포기하지 않는다

하지만 현 상황이 암울하다고 주저앉아 있을 수만은 없다. 적어도 홉스가 말하는 수준의 현실에서는 벗어나야 한다. 우리가 늑대가 되기 위해 살아온 것은 아니지 않은가. 각자도생의 시절에서 벗어나기 위해 서민의, 서민에 의한, 서민을 위한 정치가 필요하다. 소득이 적어도 생활이 불편하지 않고, 해고를 당해도 사회적 안전망이 지탱해 주며, 터무니없는 정책을 펴거나 제대로 일하지 않는 정치인들에게 옐로카드를 들 수만 있다면, 우리 정치가 서민을 배신하는 일은 더 이상 일어나지 않을 것이다.

앞에서 길게 세월호를 말한 것은 이런 이유 때문이다. 세월호는 하나의 상징이었다. 국가가 버린 국민의 삶이 얼마나 참혹해지는지 보여 주는 사건. 그러니 우리 정치의 회복은 세월호 참사에 대한 진상규명에서부터 시작되지 않을까? 그곳에서 우리는 국가가 책임을 방기했던 과정을 볼 것이고, 그 과정에서 새로운 시스템의 재건을 확인할 것이다. 진상규명 과정들이 낱낱이 투명하게 밝혀질 때 세월호 참사의 희생자들과 유가족들, 그리고 살아 있는 사람들이 수장되는 상황을 무력하게 지켜봐야만 했던 우리의 이 처참한 아픔들이 반복되지 않을 것이다. 많은 사람들은 세월호 참사에 무관심한 정치인들을 보며 "과연 당신의 자식이었어도 이대로 두었을지" 여러 번 물었다. 그 질문에는 현재의 국가가 평범한 사람들, 소위 서민들의 괴로움에 무심하다는 현실이 담겨 있다. 이러한 맥락에서 세월호 참사에 대한 진상규명은 서민들의 아픔을 모른 척하지 않겠다는 국가의, 그리고 정치의 의지가 담겨 있는 과정이기도 하다.

세월호 추모집회를 나갈 때마다 이 노래가 들린다.

"어둠은 빛을 이길 수 없다. 거짓은 참을 이길 수 없다. 진실은 침몰하지 않는다. 우리는 포기하지 않는다."

나는 이 노래에 서민이 바라는 정의와 진실, 우리가 나아가야 할 정치의 방향이 담겨 있다고 생각한다. 지금은 요순시대가 아니다. 정치의 부재에서 역으로 정치의 완성을 발견하는 〈격양가〉를 부를 수는 없다. 빛이 어둠을 밝히도록, 참이 거짓의 무력에 짓밟히지 않도록, 진실이 사라지지 않도록, 우리가 포기하지 않을 때, 비로소 우리 시대의 〈격양가〉를 부를 수 있으리라.

2부

정치 혐오를 혐오하라

그릇된 생각을 부추기는 정치 프레임들

우리는 어떻게 '개돼지'가 되었는가

우민화의 민낯

이것은 영화 대사가 아니다!

"민중을 개돼지로 취급해야 한다. …… 먹고살게만 해 주면 된다."

2016년 7월 한 녹취 파일이 공개됐다. 교육부 고위 공무원 나향욱의 교육철학과 소신이 그대로 드러난 발언이었다. 과정은 이러하다. 기자들과 술자리를 갖던 도중, 그는 영화 〈내부자들〉(우민호, 2015)을 무척이나 감명 깊게 보았던지, 영화에서 유명했던 대사를 인용해 '민중 개돼지론'을 말했다. 해명 요구에도 같은 말을 한 것으로 보아 민중 개돼지론은 평소 그의 소신이었던 모양이다. 국민의 세금으로 월급을 받는 공무원이고, 평등한 교육과 건전한 시민의식 형성에 앞장서야 하는 '교육부' 소속임에도 말이다. 이 사실이 언론에 보도되자 여론이 들끓었고, 결국 그는 파면이라는 중징계를 받았다.

경우는 좀 다르지만 이전에도 비슷한 사건은 있었다. 2014년 지방 선거 당시 서울시장 후보였던 정몽준의 아들은 자신의 SNS에 우리 국민이 미개하다고 쓴 적이 있다. 국민들의 항의가 빗발치자 정몽준은 아들의 표현에 대해 자신의 불찰이라며 거듭 사과했지만 결국 선거에서 낙선하고 말았다. 이때 그가 욕을 먹었던 이유는 유권자의 표를 구걸하는 처지에 있으면서 감히 그 구걸의 상대에게 미개하다고 한 것에 격분해서였으리라. 그런데 민중을 개돼지라느니 미개하다느니 폄하하는 안하무인의 바탕에는 권력자의 오만과 부도덕에 대한 민중의 무관심도 한자리를 차지하지 않을까?

뭣이 중한지를 모르는 우리

2014년 11월 30일, 〈세계일보〉는 정윤회의 국정 개입 의혹을 1면에 보도했다. '정윤회 국정 개입은 사실'이라는 제목의 기사는 박근혜 전 대통령의 보좌관 출신인 그가 십상시로 지칭되는 대통령의 비서진들을 좌지우지하며 국정에 개입했다는 충격적인 내용을 담고 있었다. 게다가 수사 과정에서 더 놀라운 이야기가 나온다. 문건 유출과 관련해 수사를 받던 박관천 경정이 다음과 같은 말을 한 것이다.

"우리나라 권력 서열이 어떻게 되는지 아느냐. 최순실이 1위, 정윤회가 2위, 박근혜 대통령은 3위에 불과하다."

발언 자체가 너무 황당해서 헛소리로 치부될 수도 있었지만, 그가 왜 이런 말을 했는지, 근거가 무엇인지 정도는 캐물었어야 했다. 이 발언은 무시하더라도 최소한 정윤회의 국정 개입이 사실인지 철저히 진상을 규명해 관련자를 처벌하는 등 국가 기강을 바로잡을 필요가 있었다.

하지만 국민들은 이 일에 그다지 관심을 보이지 않았다. 〈세계일보〉 보도가 나가고 닷새가 지났을 무렵, 그 유명한 '땅콩 회항' 사건이 터졌다. 당시 대한항공 오너의 딸인 조현아 부사장이 승무원에게 땅콩에 대한 올바른 서비스를 교육시키겠다고 하다가 제 성질을 이기지 못하고 사무장더러 곧 이륙할 비행기에서 당장 내리라고 했던 것이다. 오너의 말을 거역할 수 없었던 기장은 비행기를 돌렸고, 사무장은 비행기에서 밖으로 쫓겨나는 신세가 됐다. 재벌 3세, 악녀 그리고 비행기 유턴까지, 한국인이 좋아하는 막장드라마의 요소가 모두 담겨 있는 이 사건에 사람들의 관심이 쏠렸다. 언론은 모두 이 사건으로 도배됐다. 조현아 부사장의 일거수일투족이 그대로 보도됐고, 그 밑에는 수천 개의 비난 댓글이 달렸다. 이런 현상은 놀랍게도 몇 개월간이나 계속됐다. 그에 대한 비판 여론은 재판부도 움직일 정도였다. 들끓는 여론을 의식한 재판부는 1심에서 테러범에게나 적용되는 항로변경죄를 들어 징역 1년의 실형을 내리지만, 여론이 가라앉은 뒤인 항소심 재판에서는 집행유예를 선고했다. 사건이 발생하고 몇 년이 지났으니, 과연 그렇게 오랜 기간 신문 1면을 장식할 만한 큰일이었는지 되짚어 보자. 탑승객들이 30분 이상 시간상의 손해를 봤지만, 이로 인해 목숨을 잃은 이는 아무도 없었다. 조현아 전 부사장이 보여 준 우리 사회의 '갑질' 문제는 물론 무척 심각하다. 이를 부정하는 것은 아니다. 하지만 당시 그에게 돌을 던진 이들이 갑질의 근절에 대해 엄청난 사명감을 갖고 있어서 그랬던 것인지는 조금 의심스럽다.

기껏해야 징역 1년에 해당되는 범죄에 전 국민이 목소리를 높이는 사이, 정윤회의 국정 개입 사건은 잊혀졌다. 그때 어떤 일이 있었을까? 박근혜 전 대통령은 이를 "근거 없는 풍설을 모은 찌라시에 불과하다"라고 결론짓고, 오히려 이 문건을 외부로 유출한 행위가 국기 문란이라며 수사의 가이드라인을 제시했다. 문건의 내용이 찌라시에나 나올 만한 황당한 것이라면 문건을 밖으로 유출하는 일이 왜 국기 문란이 되는지 모르겠지만, 국민들은 여전히 조현아만 바라보고 있었다. 문건 유출의 당사자로 지목된 최 모 경위가 스스로 목숨을 끊었고, 그 의혹을 보도한 〈세계일보〉 사장이 쫓겨났다. 그리고 〈세계일보〉의 모체인 통일교는 세무조사를 받았다. 만약 당시 국민들이 '땅콩 회항' 사건이 아닌 정윤회 국정 개입 의혹에 더 관심을 보였다면, 검찰이 관련 의혹에 대해 제대로 수사했다면 어땠을까. 그랬다면 최순실의 존재가 훨씬 더 빨리 수면 위로 드러났을 테고, 미르재단과 K스포츠재단이 대통령의 위세를 등에 업고 기업들에게 '삥'을 뜯는 일은 불가능했을 것이다. 그때 우리가 관심을 기울여야 할 중요한 사안을 제대로 선별하고, 그 문제가 해결되도록 감시의 눈길을 거두지 않았다면, 그로부터 2년이 지난 뒤인 2016년 말, 촛불을 들고 광화문에 모일 필요도 없지 않았을까?

물론 이것은 정부가 언론을 좌지우지하는 환경과 제대로 수사하지 못한 검찰의 책임이 만나 발생한 결과이니 이를 가지고 우리 국민이 개돼지라고 주장하는 것은 무리가 있다. 하지만 이 모두가 정부와 검찰의 잘못일까? 예나 지금이나 검찰은 살아 있는 권력은 건드리지 못한다. 언론 역시 마찬가지다. 당시 박근혜 전 대통령은 40%가 넘는 콘크리트 지지층을 거느린, 임기도 3년이나 남은 막강한 대통령이었다. 그래서 더욱 국민들의 관심이 필요했다. 민주주의에서 권력은 국민들의 숫자에서 비롯되니까. 정윤회의 국정 개입 의혹에 대해 제대로 된 수사를 요구하는 목소리가 높았다면, 검찰도 그렇게 형식적인 수사만 하진 않았을지 모른다. 권력을 대통령에게 맡기고 난 뒤 그에 대한 감시를 하지 않았던 것이다. 대통령으로 인해 전 국민이 자괴감을 가져야 했던 2016년 탄핵 정국은 국민들이 자신의 책임을 다하지 않은 데서 비롯됐다 해도 과언은 아니다.

프레임에 갇혀 버린 우리

비단 조현아 사건뿐만이 아니다. 우리 언론과 정치인들 모두 국민을 우습게 생각한다. 2012년 대선을 뜨겁게 달궜던 북방한계선(NLL) 파동을 보자. 당시 보수진영은 2007년 남북정상회담에서 노무현 전 대통령이 NLL 포기 발언을 했다고 선전했다. 확인도 되지 않은 설이었다. 검찰이 조사에 착수하지도 않았지만, 선거의 판도는 바뀌기 시작했다. 검찰 조사 결과 NLL 포기 발언은 없었던 것으로 확인됐지만, 그것은 나중의 일이었다. NLL 이슈로 인해 대통령 선거는 여느 선거 때처럼 '안보를 팔아먹는 종북 빨갱이' 논란으로 점철됐다. 총풍이니 북풍이니 한두 번 겪는 게 아니면서도, 이 논란이 시대착오적이고 언제나 선거에서 바람잡이로 활용된다는 것을 여러 번 경험하면서도, 선거 때만 되면 번번이 색깔론이 소환되는 이유는 그게 먹히기 때문이다. 색깔론은 사실 상당히 비겁한 술책이다. 색깔론으로 공격을 받았을 때 진보진영 후보가 당시나 지금이나 할 수 있는 일이라곤 "나는 종북이 아니다"라고 부인하는 게 고작이다. 만일 보수진영이 색깔론을 들이밀 때 사람들이 전혀 반응하지 않는다면 어떻게 될까. 색깔론을 제기한 쪽만 머쓱해지며, 추후 비슷한 전략을 쓰려는 엄두를 내지 못할 것이다. 하지만 적지 않은 수의 국민이 색깔론만 제기되면 이성을 잃고 야당 후보를 공격해 대니, 이게 '전가의 보도'처럼 쓰이는 것이다.

선거는 아니지만 박근혜-최순실 게이트가 불거졌을 때 보수진영이

'송민순 회고록'으로 반격한 것도 색깔론이 얼마나 좋은 무기인지를 보여 준다. 외교부 장관을 지낸 송민순의 회고록에는 노무현 정부가 UN 북한인권결의안에 투표하기 전 북한의 의사를 물었다는 내용이 나온다. 한 나라의 외교부 장관을 지낸 이가 민감하기 짝이 없는 외교 이야기를 책에 써도 되는 것인지 의문이지만, 이 공격은 나름의 효과가 있었다. 보수 성향의 누리꾼들은 이렇게 댓글을 달았다.

- 박근혜는 최순실한테 지시받고, 니들은 김정일한테 지시받는구나.

정말 놀라운 물타기 아닌가? 이 두 사건이 나란히 비교될 만한 일일까. 이런 댓글을 보면서 정치인들은 아마 자기네끼리 낄낄대며 웃었을 것이다. 정치인들은 걸핏하면 '위대한 국민' 운운하지만, 실제로는 국민들을 개돼지로 본다. 자기들 마음먹은 대로 조종되는 국민들이라니, 이보다 더 만만한 상대가 또 어디 있을까.

개돼지에서 벗어나려면

2012년 대선 당시, 국정원은 직원들을 시켜 박근혜 후보를 찬양하고 야당 후보를 깎아내리는 댓글을 달았다. 선거중립의 의무가 있는 국가기관이 선거에 개입해 여론을 조작한 것이다. 이것이 소위 말하는 국정원

대선 개입 사건의 골자다. 여기서 질문. 왜 하필 댓글이었을까? 사람들은 포털 사이트에서 기사를 읽고 어떤 생각을 갖게 되면 남들도 비슷하게 생각하는지 궁금하여 기사에 달린 댓글을 본다. 국정원이 이런 일을 벌인 이유는 실제로 사람들이 기사에 달린 댓글에 영향을 받기 때문이다. 그 영향은 다양하다. 추천을 많이 받은 댓글이나 댓글의 많은 수가 내 생각과 비슷하다면 어느 정도 평균의 안락함을 느낄 것이다. 그러나 내 생각과 다른 댓글이 절대적으로 많이 달리고 추천까지 많다면 대부분의 사람들은 자신의 의견이 잘못됐고, 다수가 합리적이리라 예상하며 자기 생각을 수정해 갈 것이다. 이를 단순히 인간이라는 종(種)이 갖는 동조 현상이라 볼 수만은 없다. 언제부터인가 우리는 스스로 판단하는 능력을 잃어버렸다. 기사를 봐도 어떤 지점이 잘못되고 어떤 지점이 옳은지를 알지 못하니, 기사에 달린 댓글을 보면서 다수 의견에 자기를 동화시킨다. 국정원의 댓글 공작은 스스로 생각해 어렵게 결론을 내기보다 여론으로 자신의 생각을 정하려는 현대인의 민낯을 보여 주는 사건은 아닐까?

> "정치를 외면한 가장 큰 대가는 가장 저질스러운 인간들에게 지배당한다는 것이다."

플라톤의 이 말은 지금에도 정확히 들어맞는다. 일단 우리가 정치에 관심을 가져야 한다. 물론 자기 일을 하기도 바쁜 세상에서 정치에 관심을 갖기란 그리 쉬운 일은 아니다. 그렇다고 언론과 정치인이 이끄는 대로 몰려다니는 양 떼로 살 수만은 없지 않겠는가? 정치에 관심을 갖게 만드는 좋은 방법이 있다. 바로 종이신문을 보는 일이다. 요즘 사람들은 종이신문을 보지 않는다. 1996년 70%를 넘나들던 신문 구독률은 2014년 20%대로 뚝 떨어졌다. 사람들은 말한다. 뭐하러 신문을 돈 주고 사 보느냐고, 스마트폰으로 신문을 보면 공짜라고. 과연 그럴까? 미디어는 메시지라는 말이 있다. 미디어 이론가인 마셜 매클루언(Marshall McLuhan)의 이 말은 같은 액체라도 어떤 그릇에 담기는지에 따라 전혀 다른 것이 될 수 있다는 의미다.

과거를 돌이켜 보자. 우리 아버지들은 종이신문을 보면서 하루 일과를 시작했다. 종이신문은 정치면이 가장 앞에 나오고, 그다음에 경제면, 그리고 사회면이 이어진다. 자연히 정치에 관심을 가질 수밖에 없다. 하지만 스마트폰으로 뉴스를 보면 어떨까. 아무래도 클릭 수가 많을 법한, 아니면 클릭 수가 이미 많은, 남들이 많이 본 뉴스를 보게 될 확률이 높다. 그런데 스마트폰으로는 정치 기사 같은 딱딱한 콘텐츠를 보는 게 쉽지가 않다. 그래서 많이 본 뉴스를 보면 대부분 성추행이라든지 연예인의 열애설 등에 관한 기사다. 나도 크게 다를 바가 없다. 다른 기사를 보려고 뉴스 페이지를 열어도 '○○ 아찔한 노출' 같은 제목이 눈에 띄면 그리로 갈 수밖에 없다. 미디어는 메시지라는 말이 바로 이러한 맥락이다. 스마트폰으로 뉴스를 보면 우리는 무엇이 중한지를 놓쳐 버린다. 그래서 나는 종이신문을 권한다. 종이신문에서 얻는 정보의 양은 스마트폰으로 보는 기사 몇십 개보다 훨씬 더 많을 수밖에 없다. 재료가 많다 보면 스스로 조리해서 먹는 법도 배우게 된다. 신문을 오래 보면 정치인과 언론의 의도가 보이기 시작하고, 그들의 선동에 넘어가지 않을 수 있다. 그렇다면 어떤 신문을 봐야 할까? 보수지와 진보지를 하나씩 보면 좋겠지만, 여의치 않다면 보수정권이 집권했을 때는 진보지를, 진보정권이 집권 시에는 보수지를 보자. 자기 스스로 판단하는 사람들이 늘어나면 정치인들이 더 이상 우리를 무시하지 못할 것이다.

그리고 관심을 갖고 생각하면서 자신이 아는 것을 한 번쯤 의심도 해보자. 박사모들이 주장하는 촛불집회 동원령은 아주 약한 합리적 의심만으로도 잘못된 정보임을 충분히 판단할 수 있다. 촛불집회가 일당 5만원을 받고 동원된 것이라면, 170만 명이 모인 6차 집회에는 850억을 썼단 말인가? 오히려 보도에 따르면 돈을 받은 것은 늘 정권의 입맛에 맞는 시위만 해 온 어버이연합 등 몇몇 보수단체라고 하지 않는가. 댓글도 그렇다. 국정원이 떠난 자리에 일베나 여타 극우 성향 사람들이 댓글을 조작하러 다닌다고 한다. 여기서 기억해야 할 것은 댓글은 여론이 아니라는 점이다. 여론이 꼭 나의 생각이어야 할 필요도, 내가 여론대로 생각해야 할 필요도 없다. 그러니 댓글에 속지 말고 스스로 생각하여 판단하자. 댓글 알바들에게도 말하고 싶다. 다른 일이 없어서 그런 일을 하겠지만, 댓글 알바로 몇 푼 버는 대신 이 나라의 다른 사람들에게 돌아가야 할 생각과 판단의 여지를 자신이 망가뜨릴 수 있다는 것을 제발 좀 상기하자.

문제는 투표율이 아니다!

고령화 시대의 투표

투표율이 오르면 진보에 유리하다?

2012년 대선 당시 진보진영에서는 투표율을 높이는 캠페인을 전개했다. 그들의 계산은 아마 다음과 같았을 것이다. ①투표를 하지 않는 층은 주로 20대다, ②20대는 진보진영을 지지한다, ③20대의 투표율을 높이면 진보진영 후보가 당선된다. 셈법은 간단했으나, 다들 알다시피 대선 결과는 진보진영의 기대대로 되지 않았고 박근혜 후보가 대통령으로 당선됐다. 박근혜 후보의 당선 원인은 무엇일까? 20대의 투표율이 낮아서? 선관위의 자료*를 살펴보면 20대는 18대 대선에서 투표독려 캠페인에 적극적으로 호응했음을 알 수 있다. 선관위 자료에 따르면 20대 전반의 투표율은 51.1% → 71.1%로 20% 올랐고, 20대 후반도 42.9% → 65.7%로 무려 22.8% 올랐다. 비교적 젊다고 할 수 있는 30대의 투표율도 15% 이상 올랐다. 진보진영의 계산대로라면 자신들의 후보가 당선되어야 했다. 선거가 끝난 뒤 일각에서 부정선거를 주장했던 것은 이 때문이다. 물론 국정원의 공작이 있었다는 사실이 밝혀졌으니 부정선거가 맞긴 하지만, 적어도 개표 과정에서의 부정은 없었다는 게 내 생각이다. 개표 과정에 종사하는 사람들이 한두 명이 아닌데, 이들의 입을 모두 다물게 하기란 불가능해 보이니까 말이다.

그렇다면 진보진영이 진 이유는 무엇일까? 투표독려 캠페인은 20~30대의 투표율만 올린 것이 아니라, 40~50대는 물론 원래 투표를 열심히 하던 60대의 투표율까지도 끌어올렸다. 당시 나는 이런 글을 썼다. "투표를 마치고 근처 공원에 놀러 갈 생각에 아침 일찍 투표장에 갔는데, 길게 줄이 늘어서 있었다. 내가 사는 천안이 유난히 어르신들이 많은 탓인지, 아니면 나이가 들수록 부지런해서 그런지, 그 투표장의 대다수는 어르신들이었다."

어르신들이 선거에 미친 영향은 절대적이었다. 선관위에 따르면 지난 18대 대선에서 연령별 유권자 수는 다음과 같았다. 20대 이하 18.1%, 30대 20.1%, 40대 21.8%, 50대 19.2%, 60세 이상 20.8%다. 연

* 중앙선거관리위원회, 제18대 대선 투표율 분석 결과(2013년 2월 15일 발표).

령별로 크게 차이가 없는 듯하지만 실제로 투표한 사람들을 연령별로 분류해 보면 다른 결과가 나온다. 20대와 30대는 각각 16.3%, 18.5%로 떨어진 반면, 50대가 20.8%, 60세 이상이 22.6%로 상승했다(40대는 같았다). 게다가 (출구조사를 보면) 50대는 62.5%, 60세 이상은 72.3%가 박근혜 후보를 지지했는데, 이는 18대 대선의 운명을 좌우했다.

진보진영은 20대와 30대 상당수가 자신들의 후보를 지지한다는 가정으로 시작했지만, 그것은 착각이다. 그 연령대가 진보진영을 더 지지하는 것은 맞지만, 압도적인 차이는 아니었다. 20대의 33.7%가, 30대의 33.1%가 박근혜 후보를 지지했으니까. 게다가 투표를 하지 않으려다 투표독려로 인해 투표장에 간 20대는 어쩌면 박근혜 후보에게 표를 던졌을 확률이 높을지도 모른다. 진보를 지지하는 20대는 평소 정치에 관심이 많았을 테고 정 시간이 없다면 부재자투표라도 했을 사람들인 반면, 박근혜에게 투표한 20대는 평소 정치에 큰 관심은 없었지만 자신도 모르게 부모 세대의 안보 불안에 영향을 받았기에 투표독려 캠페인에 힘입어 투표장으로 오지 않았을까, 라는 것이 내 추측이다. 꼭 이런 사람들이 아니더라도 요즘은 20대도 보수적인 사람들이 많다. 과거에는 학생운동으로 감옥에 다녀와도 취업에 어려움이 없었지만, 지금은 20대가 좋은 직장에 들어가는 게 바늘구멍이 됐다. 먹고살기 어려워질 때 사람들은 보수화된다. 청년들에게 요구되는 사회적 허들이 워낙 높다 보니 스펙 쌓기에 급급할 뿐 무엇이 인간다운 삶인지 누가 정의를 말하는지 관심조차 없다. 그러니 당연히 정치에 무관심해질 수밖에. 보수후보에 투표하는 20대의 비율이 점점 늘어나는 것도 이 때문일 것이다.

60대의 맹목적인 보수 사랑

20대와 30대의 상당수가 점점 보수화되고 있다면, 60대 이상이 보수에 보내는 지지는 한결같다. 그들의 보수 사랑은 '영원한 사랑은 가능하구나'와 더불어 '지나친 사랑은 사람의 눈을 멀게 하는구나'를 깨닫게 한다. 현재 일흔여섯에 접어드신 내 어머니의 경우를 보자. 어머니는 정치에 대해 그다지 관심이 없는 편이다. 전라도에서 태어나신지라 마음이 진보 쪽으로 가 있긴 하지만, 구체적인 사안들에 대해서는 무엇이 옳은지 잘 모르신다. 아버지가 살아 계실 때는 아버지가 찍으라는 후보를 찍었고, 그 이후에는 누구를 찍어야 하는지 나에게 물으신다. 이런 어머니도 친구들을 만날 때면 힘들다. 원래 친구들끼리 만나면 정치와 종교 이야기는 안 하는 게 맞다. 어차피 정치에는 정답이 없고, 무결점에다 능력까지 있는 후보는 세상에 없기 때문이다. 그런데 어머니의 친구분들은 늘 정치 이야기만 하신단다. 게다가 어머니의 연령대 때문인지 친구분들은 모두 보수 쪽이다. 어머니는 가끔 내게 전화해 이렇게 하소연하신다. "다들 박근혜 칭찬하고 야당 후보 욕하는데, 뭐라 하고 싶어도 아는 게 없어서 그냥 듣고만 있었어."

나는 어머니에게 위로와 더불어 칭찬을 해 드린다. "잘 참으셨어요.

잘 모르면서 어설프게 반박하면 안 한 것만 못하거든요. 앞으로도 계속 참으세요." 어머니의 친구분들은 만났을 때만 박근혜 전 대통령을 칭찬하는 게 아니라 평상시에도 끊임없이 카톡을 주고받으며 결속을 재확인한다. 하나만 보자.

> "박근혜의 치적
> 가련한 대통령 그만 좀 흔들어라, 멍청한 남정네들아. 사람들 중 박근혜가 별로다, 라고 하는 이가 있습니다. 천만에요. 잘하고 있습니다. 더 마음으로라도 응원을 보냅시다.
> • 노무현 이명박이 싸지른 똥 치우기 바쁜 박근혜 대통령의 업적
> ❶ 노무현의 한미연합사 전작권 환수 무기 연기
> ❷ 전교조 법외노조 통보
> ❸ 통진당 해산……"

더 읽기가 민망할 지경이다. 전시작전권은 우리나라의 주권에 해당하는데, 그 전시작전권을 가져오지 않겠다고 한 것이 무슨 업적이 될까. 멀쩡한 노조를 법외노조로 통보하고 공당을 해산한 일이 업적이라니 얼마나 업적이 없으면 이럴까 싶다. 박근혜-최순실 게이트가 드러난 뒤에도 그분들의 박근혜 사랑은 계속됐다. 대통령은 훌륭한데 최순실이 대통령의 위세를 빌려 이권을 챙겼다는 것이 그분들의 논리다. 청렴한 대통령의 제1조건이 친인척을 비롯한 측근 관리라는 점에서 보면 좀 어

이가 없다. 팟캐스트 〈불금쇼〉에서 박근혜 전 대통령을 지지하는 사람에게 최순실 사태에 대해 질문했을 때 나온 답변도 인상적이다.

"여자가 혼자 살면 말들이 많잖아. 이번 사태도 다 그런기라."

국민이 대통령에게 준 권한을 제대로 사용하는 대신 다른 이에게 넘겨준 것마저 지지 철회의 조건이 되지 않는다니, 이 정도면 사이비 종교 수준이다. 제정일치 사회는 역사교과서에 실린 과거가 아니라 아직도 현재형이다.

70대의 판단력 vs 10대의 판단력

앞에서 본 것처럼 60대 이상의 높은 투표율은 선거에 결정적 영향을 끼친다. 그 결과 이분들이 어디에 투표하느냐에 따라 우리 삶이 좌우된다.

물론 나이가 들었다고 모두 판단이 흐린 것은 아니다. 연세대학교 철학과 김형석 명예교수는 1920년생으로, 2017년 현재 아흔여덟이시다. 그럼에도 이분은 책을 쓰고 강연을 하며, 판단력 또한 젊은이들보다 훨씬 더 명민하다. 그러다 보니 기자들은 국가적 위기 때 이분께 의견을 묻는다. 박근혜-최순실 게이트가 한창일 때 김형석 교수는 이렇게 말씀하셨다. "하야의 경우 60일 내에 대선을 치러야 하는 절차가 있고 여러 법적 문제 등을 고려할 때 이런 선택보다는 대통령이 내치에서 손을 떼는 방식이 혼란을 막을 수 있습니다." 사사로운 이익에 흔들리지 않는 원로의 냉철함을 느낄 수 있다.

문제는 이런 분이 굉장히 예외적이라는 점이다. 김형석 교수와 같은 연세대에서 재직했던 김동길 교수를 보자. 1980년대 그 암울한 군부독재 시절 김동길 교수는 젊은이들이 믿고 의지하는 멘토였다. 하지만 나이가 듦에 따라 그의 생각은 점점 바뀌었다. 고 정주영 현대그룹 회장이 만든 국민당에 들어가 국회의원을 한 것까지는 너그럽게 이해할 수 있지만 그의 현재 행보는 이해하기가 어렵다. 그는 갑자기 극우적인 발언을 쏟아 내기 시작했다. 대한민국이 간첩들의 천국이라고 한 것은 약과였다. 노무현 전 대통령에게 "국민에게 사과하는 의미에서 자살이라도 해야 한다"라는 막말을 했으며, 그 이후 김대중 전 대통령에게 북한의 핵 개발을 도왔다며 "뒷산에 올라가 투신하라"고 한 바 있다. 이렇다 보니 시대의 양심이던 시절은 다 잊혔고, 그는 수구보수 중 한 명으로 조롱받는 처지가 됐다. 그의 갑작스러운 변화는 무엇 때문일까? 단서는 그의 나이라고 생각한다. 김동길 교수는 1928년생으로, 노무현 전 대통령에게 자살 발언을 한 당시에는 이미 여든이었다. 군부독재 시절 젊은이들의 멘토에서 수구보수 중 하나로의 몰락까지, 그의 드라마틱한 반전을 노화의 결과 말고 무엇으로 설명할 수 있을까?

이와 비슷한 예는 얼마든지 있다. 유신시대 내내 정권과 대립했던 저항 시인 김지하(1941년생)는 지난 대선 때 박근혜를 지지한 바 있고, 김대중 전 대통령과 오랜 세월 운명을 같이한 한광옥(1942년생)도 대선 직전 박근혜 캠프에 합류했다. 단지 박 전 대통령을 지지했다고 해서 '노화'라고 단정 짓는 것은 아니다. 안대희 전 중수부장(1955년생)처럼 늘 양지바른 곳을 좇은 분이 박근혜 캠프로 가는 것에 이의를 제기할 생각은 없다. 단지 평생을 바쳐 싸워 온 가치를 훼손하려는 세력의 품에 안기는 것은 '노화'의 결과일 확률이 높다는 말이다. 열심히 시대에 맞선 분들도 이럴진대, 그렇지 못한 일반인들은 어떻겠는가? 지난 대선 때 60대 이상 어르신들은 TV 토론을 한사코 기피하고, 일문일답에 치명적 약점을 지닌 박근혜 후보에게 72.3%의 지지를 보였는데, 70대로 한정해 보면 이 비율은 더 올라갔으리라.

박근혜–최순실 게이트에 항의하는 집회에 초등학교 5학년 여학생이 나와 "이러려고 대통령 되려고 했는지 자괴감 든다면 그냥 그만두세요"라는 발언을 했다. 이번 박근혜–최순실 게이트에서 수많은 10대 청소년들이 어른들의 실정을 지적하고, 놀랄 만한 냉철함을 보여 줬다. 우리는 10대들의 판단보다, 70대 이상 노인의 판단에 큰 어드밴티지를 주는 경향이 있다. 나이를 먹을수록 지혜도 쌓인다는 명목으로 말이다. 과연 그럴까? 이 학생을 비롯해 투표권이 없는 10대들의 판단력이 70대 이상의 판단력보다 못하다고 할 수 있을까?

청년의 미래를 배반하는 투표

한국의 출산율은 저조한데, 노령 인구는 점점 더 늘어 가고 있다. 살아갈 날이 살아온 날보다 적은 어르신과 달리 젊은 세대는 이 땅에서 오래 살아야 하고, 우리나라의 미래를 스스로 만들어 나갈 책임이 있다. 또한 젊은 세대는 권리만 누리던 어린 시절과 달리 납세나 근로 등 헌법이 규정한 의무에서 벗어날 수가 없다. 그렇기에 더더욱 자신의 의무와 권리를 투표로서 대변하고, 그 투표의 결과를 가질 수 있어야 한다. 자신들이 꿈꾸는 미래가 어르신들의 다수표로 인해 좌절된다면 얼마나 억울하겠는가? 어려운 말이 아니다. 정년이 넘은 부모와 조부모까지 혼자 모시는 젊은 가장이 있다 치자. 한 집안에서 가장 무거운 짐을 짊어지고 있지만, 이 가장은 가족회의에서 언제나 배제된다. 가족투표를 한다 해도 어르신들이 똘똘 뭉쳐 버리면 젊은 가장의 의견은 그대로 묵살된다. 젊은 세대가 국회의원 선거에서 '20대를 위한 일자리를 많이 만들겠다'는 정당에 투표하고 싶어도 어르신들 때문에 비정규직만 만들겠다는 정당이 의석 과반수를 획득해 제1당이 된다. 미래를 담당할 주체들이 자신의 의견과 반대되는 투표 결과를 받아들여야 되는 것이다.

사정이 이렇다 보니 선거가 끝날 때마다 투표정년제에 대한 이야기가 제법 나온다. 하지만 이것이 실현되지 않는 이유는 이런 법을 제안했을 때 맞닥뜨려야 할 나이 든 분들의 분노를 감당하기 어렵기 때문이다. 실제로 정동영 의원은 열린우리당 시절 "60대와 70대는 투표하지 말고 집에서 쉬시라"고 했다가 곤욕을 치렀다. 이후 정 의원은 말실수라며 사과했지만, 이는 노인들의 분노를 촉발해 탄핵 역풍을 맞던 한나라당이 121석을 얻으며 선전하는 계기가 됐다. 게다가 야당에서 이 법안을 발의한다 해도 어르신들로 인해 선거에서 이득을 얻는 여당이 결사 반대할 테니, 통과도 못 시키고 노인 표만 깎아 먹는 결과를 초래할 확률이 높다. 그렇지만 이 문제가 대한민국의 미래를 결정한다는 점에서 다시 한 번 생각해야 하지 않을까?

안보 불안은 모두의 문제

이런 주장에 대해 나경원 의원은 이렇게 말했다. 어르신의 투표권을 제한하려 하지 말고 왜 그들이 야당에게 투표하지 않는가로 접근해야 한다고. 얼핏 듣기에는 매우 타당한 말이다. 하지만 꼭 그렇게 볼 일은 아니다. 노인복지에 더 우호적인 정당은 현 야당이다. 물론 노무현 정부 시기에 노인복지가 피부로 느낄 만큼 나아졌다고 말하긴 어렵지만, 박근혜 정부에서 노인복지는 피부로 느껴질 만큼 나빠졌다. 2015년 통계에 따르면 65세 이상 노인 662만 명의 절반에 해당되는 320만 명이 빈곤 상태이며, 매일 11명의 노인이 스스로 목숨을 끊고 있다. 특히 노인의 자살률은 OECD 평균의 3.5배에 달하는데, 박근혜 정부는 자신들이 내건 기초연금 공약을 파기했으며, 경로당 냉난방비 예산을 전액 삭감하는 등 노인들의 삶을 더 나락으로 빠뜨렸다. 그럼에도 불구하고 어르신들이 보수에게만 표를 던지니, 야당이 이 문제에 어떻게 대처해야 한단 말인가?

게다가 70세 이상 어르신들은 한국전쟁의 기억을 갖고 있는지라 레드콤플렉스에 취약하다. 북한이 미사일 한 방만 쏘면—우리나라로 쏜다는 게 아니다—공황 상태에 빠져 보수 쪽에 투표한다. 천안함 폭침을 겪고도 북한에 사과를 구걸했고, 연평도 포격이라는 자존심 상하는 일을 당한 뒤에도 이렇다 할 대응조차 못한 게 보수의 실체건만, 전쟁의 기억이 있다 보니 어르신들의 사고는 매우 단순하게 돌아간다. 북한 핵개발? 1번 찍자. 간첩이 내려왔다고? 1번 찍자. 휴전선에서 총격이 있었어? 1번 찍자.

물론 이런 우려는 있을 수 있다. 어르신들이 선거에서 배제되면 이분들의 권리를 챙겨 줄 정당이 없어질 수도 있다고. 하지만 젊은 세대를 믿어 보는 것은 어떨까? 어버이연합이나 엄마부대가 문제지, 어느 누구도 한 국가 안에서 어르신들이 지닌 위치를 무시하지 않을 것이다. 또 다른 우려가 있을 수 있다. 어르신들의 '올바른' 선택이 종북세력으로부터 이 나라를 구해 준 원동력인데, 70대 이상이 선거에서 빠진다면 이 나라가 흔들릴 수도 있지 않을까, 하는 불안. 그러나 젊은 사람들 역시 경각심을 갖고 대한민국의 안보를 걱정하고 있다.

종편 JTBC가 지상파를 이긴 이유는?

언론과 권력의 시소게임

정권의 하수인이 된 언론

이명박 정부로 잠시 거슬러 올라가자. '이명박' 하면 강에도 녹차라테가 흐르게 만든 친환경적인 4대강 사업과, 아무런 성과 없는 마일리지 외교로 유명하다. 또한 국회의원이든 방송사 사장이든 맘에 안 들면 불러서 동네 형이 동생 다루듯 친근하게 '조인트'를 까며 길들이기 했던 일도 알 만한 사람들은 다 안다. 그중에서도 이명박 정부 당시 MBC 사장이었던 김재철은 무릎이 남아났을지 궁금할 정도로 많이 걷어차이지 않았을까? 다음은 김우룡 전 방송문화진흥회 이사장의 인터뷰 기사 중 일부다.

"이번 인사는 김재철 사장 혼자 한 인사가 아니다. 큰집도 김 사장을 불러다가 '조인트' 까고 매도 맞고 해서 만들어진 인사다."*

그에 따르면 김재철은 정부 말을 잘 들어서 MBC 사장이 됐는데 정부가 바라는 만큼 MBC 내 좌파 척결을 잘하지 못해 큰집에 끌려가 조인트를 까였다, 그 뒤 정신을 차리고 전체 좌파의 70~80%를 정리했다, 이런 이야기다. 여기서 큰집은 청와대로 추측되는데, 김우룡과 김재철, 그리고 청와대가 모두 서로의 연관성을 부인한 것으로 보아 사실임이 거의 확실해 보인다.

김재철 이후 MBC는 달라졌다. 〈MBC 뉴스〉는 30년을 거슬러 과거 '땡전 뉴스' 수준으로 회귀했다. 시사 프로그램은 폐지됐고, 정권에 비판적인 사람들은 다 지방으로 발령이 났다. 참다못한 MBC 노조는 2012년 1월부터 170여 일간 파업에 돌입했지만 별 효과가 없었다. 무엇보다 종편을 포함해 채널 수가 많아진 탓에 사람들이 MBC 파업으로 불편함을 느끼지 못했다. 〈무한도전〉을 못 보는 게 아쉽다는 정도였을 뿐인데, 파업 3개월을 맞았을 무렵 치러진 총선에서 여당인 새누리당**이 압승하자 더 버틸 동력이 없었다. 결국 MBC 노조는 170일 만에 파업을 접고, MBC는 정부가 바라는 길을 계속 걸어갔다.

그 결과 이후 언론 신뢰도에서 MBC의 위치는 수직 하락했다. 이후에

* 김우룡 "큰집서 김재철 MBC 사장 불러 조인트 까 …… 좌파 대청소", 〈한겨레〉, 2010년 3월 17일.

** 2012년 2월 13일, '한나라당'에서 '새누리당'으로 당명을 변경했다.

는 뉴스를 제대로 만들지 못해 조롱거리가 되기도 했다. 어느 지역에서는 MBC 기자라는 이유만으로 욕을 먹었다는 소문도 들린다. 더 슬픈 것은 MBC가 이제는 정부 기관지처럼 움직이고 있다는 사실이다.

2016년 7월, 넥슨 비리 문제, 네이처리퍼블릭 사건 등등, 법조비리 사건마다 당시 우병우 민정수석이 얽혀 있다는 소식에 이석수 특별감찰관은 그에 대한 감찰에 착수했다. 이 감찰관의 조사가 마무리되지도 않았을 때, 사건은 엉뚱한 방향으로 번졌다. 이 감찰관이 우 수석에 대한 감찰 내용을 〈조선일보〉 기자에게 유출했다는 보도가 나온 것이다. 해당 보도를 한 곳은 군소 매체로 전락한 MBC였는데, 아무도 안 볼 것 같은 MBC 뉴스를 희한하게도 청와대는 즐겨 본 모양이다. 정윤회 문건 파동 때도 그랬지만 청와대는 비리 그 자체보다 비리를 외부로 알리는 행위를 더 싫어하는 경향이 있는데, 이번에도 이 감찰관이 기자와 접촉한 게 국기 문란이라고 펄펄 뛰면서 사퇴를 종용했다. 그는 외부로 흘린 적이 없다고 부인하며 사퇴를 거부했다. 그러자 검찰 특수팀이 만들어졌고, 이들은 특별감찰관실을 압수수색했다. 결국 이 감찰관은 사표를 제출했지만, 청와대의 분노는 특별감찰관실 해체로 이어졌다. 감찰관실 직원들에게 월급을 주지 않은 것은 물론, 예산 지원도 끊어 버렸다.

여기서 주목해야 할 점은 이 감찰관의 감찰 내용 유출 의혹을 제기한 곳이 바로 MBC였다는 사실이다. MBC는 이 감찰관이 〈조선일보〉 기자에게 SNS로 우 수석 감찰 내용을 누설했다고 보도했다. 이 감찰관은 여러 언론사의 기자들과 전화를 했고, 그중에는 〈조선일보〉 기자도 있었다. 〈조선일보〉가 이에 대한 보도를 했다면 모르겠지만, 단순히 전화를 한 사실만으로 정보 유출을 알아낸 것은 신기한 일이다. 게다가 MBC 보도와 달리 이 감찰관은 통화는 했지만 SNS로 대화하지는 않았다고 한다. 그렇다면 남는 것은 도청이나 감청밖에 없다. 이 감찰관 역시 "적법하지 않은 방법으로 취득했을 것"이라고 의심했다.* 현 정부에서 도·감청이 있었다고 놀랄 사람은 없을 것이다. 놀라야 할 것은 우병우 전 민정수석에 대한 감찰을 중단시키기 위해 정부가 MBC를 이용했다는 사실이다. 황우석 사태를 알린 〈PD수첩〉, 날카로운 클로징 멘트로 사람들의 마음을 움직였던 〈뉴스데스크〉 등등, 한때 잘나가는 방송사였던 MBC가 어쩌다 이런 신세가 됐는지 마음이 아프다.

1위는 KBS(15.5%), 2위 네이버(11.7%), 3위 JTBC(11.6%), 4위 한겨레(5.4%), 5위 조선일보(4.8%), 6위 MBC(4.5%), 7위 다음(4.0%), 8위 YTN(3.2%), 9위 경향신문(3.0%), 10위 중앙일보(2.5%)**

2016년 언론 신뢰도 조사에서 공중파 방송 매체인 MBC는 〈한겨레〉와 〈조선일보〉보다 아래인 6위에 위치한다. 정부에 순종적이면 당장은 좋을지 몰라도, 신뢰도가 하락한다는 나쁜 점이 있다. 이 모든 것이 청와대가

* 이석수 "조선일보 SNS 입수 MBC, 적법한 절차 아닌 것 같다", 〈TV조선〉, 2016년 12월 15일.

** 2016년 미디어리서치 언론 신뢰도 조사. 어떤 언론 매체를 가장 신뢰(불신)하는가? 신뢰 66.2%, 불신 38.2%의 결과에서 신뢰도 순서만 적었다.

낙점하는 사람이 MBC 사장이 되기 때문으로, 사장은 청와대의 눈치를 볼 수밖에 없다. 2014년부터 MBC를 이끌었던 안광한 전 사장은 김재철 사장 재임 시 부사장을 지낸 인물로, MBC 파업을 불법으로 규정하고 파업에 관여한 인사를 중징계하는 등 박근혜 정부의 입맛에 딱 맞는 행동만 해 온 것이 사장이 된 비결이다. 청와대가 사장을 임명하다시피 하는 시스템을 고치지 않는 한 MBC의 신뢰도는 점점 더 떨어질 것 같다.

언론인의 윤리가 왜 중요한가?

원래 우병우 민정수석에 대한 의혹을 처음 제기한 언론사는 〈조선일보〉였다. 처가 땅에 얽힌 수상한 거래를 보도함으로써 정계의 아이돌, 청와대가 사랑하는 민정수석 우병우를 세상에 공개한 것이다. 대선 당시 "형광등 100개를 켜 놓은 듯한 아우라" 운운하며 박근혜 전 대통령에게 줄을 서는 등 보수권력이 유지되는 데 핵심적인 역할을 했던 〈조선일보〉 아닌가? 그런데 우 수석에 대한 의혹을 제기하자마자 검찰이 해당 보도를 했던 〈조선일보〉 사회부 기자의 집으로 찾아와 압수수색 영장을 제시하고 기자의 휴대폰을 빼앗아 갔다. 〈조선일보〉가 받았을 충격이 얼마나 컸을지 상상이 간다. 청와대의 분노는 여기서 그치지 않았다. 〈조선일보〉를 부패 기득권 세력으로 몰아가기 시작했다. 보수정권이 〈조선일보〉를 향해 비난을 퍼붓는 것만 해도 고개가 갸웃거려지는데, 정부는 거기에 더해 그간 감춰 뒀던 사실을 꺼내 들었다. 친박계로 소문난 김진태 의원이 〈조선일보〉 송희영 주필의 비리를 폭로한 것이다.

내용은 이랬다. 2011년 대우조선은 〈조선일보〉 송 주필에게 2억 원 상당의 호화 여행 향응을 제공했다. 당시 대우조선 남상태 사장은 연임을 바라고 있었는데, 이를 위해 전방위적으로 로비를 하는 와중에 〈조선일보〉 송 주필에게도 향응을 제공했다. 사기업이 왜 연임을 위한 로비를 하는지 이해가 안 될까 싶어 말씀드리자면, 대우조선은 외환 위기 이후 심각한 경영난을 겪고 있었고, 이를 살리기 위해 정부가 7조 원의 자금을 투자했다. 즉 대우조선은 산업은행을 최대 주주로 삼는 국가 소유 기업이 되었다. 그 후 대우조선이 경영을 잘해서 빚을 갚았다면 좋았을 텐데, 그런 일은 생기지 않았다. 사정이 이렇게 어려운데도 불구하고 남 사장은 자신의 연임을 위해 뉴스커뮤니케이션 대표이자 로비스트인 박수환에게 20억 원을 줬고, 그는 송 주필에게 호화 유럽 여행을 시켜 준다. 먼저 지적할 점은 송 주필의 언론인 윤리 위반이다. 언론의 역할은 정부를 감시하는 것. 사회의 공기(公器)로서 이를 제대로 해내기 위해서는 자신이 한 점 부끄럼 없기까지는 어렵다 해도 당당하게 발언할 수 있는 도덕성은 갖춰야 한다. 그런데 망해 가는 회사로부터 향응을 받고 그에 보답하는 차원에서 대우조선을 편드는 사설을 여러 번 실었다면, 이는 언론인으로서 자격 미달이다. 하지만 더 큰 문제는 정부가 언론을 길들이는 방법으로 언론인의 비리를 이용한 점이었다.

김진태 의원은 송 주필이 유럽 여행을 할 때 이용한 초호화 요트 사진과 더불어 2009년 거제 옥포조선소 쌍둥이배 명명식에 송 주필의 배우자가 참석한 사진도 들고 나왔다. 신기한 점은 그 의원이 사건에 대한 정보를 어떻게 입수했냐는 것이다. 국정원이나 청와대가 아니냐는 의혹이 일자 그는 "청와대, 검경, 국정원은 아니다"라며, 제보자가 받을 수 있는 불이익이 염려되어 자료 출처를 밝히지 않겠다고 말했지만, 그 말을 믿는 이는 없을 것 같다.* 영화 〈더 킹〉(한재림, 2016)을 보면 "사건은 묵혀뒀다가 김치처럼 익혀서 써먹는 것"이라는 대사가 나오는데, 우리나라 권력기관은 이런 일을 너무 잘한다.

김진태 의원의 폭로로 인해 우 수석 의혹에 올인하던 〈조선일보〉는 힘을 잃고, 최순실 관련 수사도 덩달아 중단된다. 여기서도 최순실이 나오는 이유는 그가 워낙 방대하게 마수를 뻗쳤기 때문에 어느 곳을 파더라도 종착지에서는 최순실이 나올 수밖에 없기 때문이다. 2016년 여름을 뜨겁게 달궜던 이화여대 사태는 정유라 부정 입학으로 이어지고, 결국 최순실의 이름을 드러낸다. 〈조선일보〉는 미르재단 모금에 당시 안종범 수석이 관여한 의혹을 조사한 덕분에 어느 언론사보다 먼저 최순실의 존재를 알았다. 이 장면을 다들 기억할 것이다. 지하 주차장에 차를 세우고 자신의 아파트로 가던 최순실에게 기자가 따라붙으며 "김종 차관 아시죠?"라는 질문을 한다. 최순실은 카메라가 자신을 찍는 것을 알고 손으로 카메라를 가리며 찍지 말라고 한 뒤 아파트 문으로 사라진다.

* "송희영 폭로 출처 청와대·국정원 아니다", 〈한국경제〉, 2016년 8월 30일.

박근혜–최순실 게이트가 터졌을 때 이 영상은 지겹도록 재생됐는데, 이 영상을 찍은 곳이 바로 TV조선이었다. 오죽하면 〈한겨레〉 기자가 "취재해 놓고 내보내지 않은 최순실 관련 기사들을 보도해 달라"고 방상훈 〈조선일보〉 사장에게 공개 편지를 썼겠는가?* 하지만 〈조선일보〉는 송희영 주필 때문에 박근혜–최순실 게이트의 발화점이 될 기회를 놓치는데, 이는 언론인의 윤리가 얼마나 중요한지 새삼 느끼게 해 준다.

〈조선일보〉의 '아, 옛날이여!'

청와대가 〈조선일보〉 주필을 한 방에 날리는 것을 보며, 조중동으로 일컬어지는 보수언론은 아마 옛날이 그리워졌을 것이다. 셋이 합쳐서 신문 시장의 80% 가까이를 점유했던 그 시절, 〈조선일보〉의 패기는 하늘을 찔렀다. 자신들이 싫어하는 노무현이 대통령을 하고 있었기에 마음 놓고 대통령을 비난했다. 그들은 스스로 '비판 언론'을 자임했고, 진보적인 색채의 〈한겨레〉와 〈경향신문〉을 '친정부 언론'이라 불렀다. 그 당시 보수언론 모두가 대통령을 욕하다 보니 세간에는 "이게 다 노무현 때문이다"라는 말이 유행했을 정도인데, 그럼에도 노무현 전 대통령은 자신을 비판한다는 이유로 해당 언론을 탄압하지는 않았다. 단지 언론중

* [편집국에서] 조선일보 방상훈 사장님께, 〈한겨레〉, 2016년 9월 28일.

재위원회에 조정을 신청하거나 소송을 통해 부당한 보도를 바로잡으려고 했다. 이를 언론탄압이라 우기는 이도 있지만, 그렇다면 기자를 불러다 두들겨 패고, 언론사를 세무조사하는 방법으로 길들이는 일은 뭐라고 불러야 하는가? 그 시절 한국의 언론 자유도가 세계 31위로 역사상 가장 높았던 것을 보면 언론탄압이란 용어는 정치적 수사일 뿐이다.*

그 뒤 집권한 이명박 정부는 그래도 조중동을 파트너로 생각함으로써 그들의 자존심을 세워 줬지만, 박근혜 정부가 들어서면서 위기가 찾아왔다. 스마트폰의 대중화로 인해 사람들이 종이신문을 보지 않으니 신뢰도는 당연히 떨어질 수밖에 없다. 그보다 더 큰 문제는 권력을 나눠 갖는다는 느낌이 사라졌다는 상실감이었다. 박근혜 역시 보수 정치인이니 이명박과 비슷하겠거니 했지만, 아버지 밑에서 배운 거라곤 언론탄압밖에 없었던 그로서는 조중동도 귀찮기만 한 언론일 뿐이었다. 좀 길지만 〈미디어오늘〉의 보도를 인용한다.

> 노무현 정부는 조중동의 여론 통제를 거부했지만 박근혜 정부는 조중동을 아예 무시하고 있다. 박 대통령에게 조중동은 자신의 아버지에게 머리를 조아렸던 '가신'의 자식들이 운영하는 회사에 불과할 뿐, 정부를 견제하는 제4권력으로서 갈등하거나, 또는 동등하게 봐야 할 관계가 아니다. 이는 대통령이 가진 일종의 '언론관'이다. 그

* 국경 없는 기자회 2016년 발표.

결과 청와대 기자단은 유명무실해졌다. 기자들은 각본대로 짜인 질문에 손을 드는 허수아비 내지는 박수 치는 방청객으로 전락했다.
조중동 기자들도 상황은 비슷하다. 조중동은 박근혜 정부 초기부터 줄곧 대통령의 '불통'에 대해 일관된 비판을 이어 왔다. 특히 주요한 비판 지점은 '인사 참사'였다. 그도 그럴 것이 박근혜 대통령에게는 지면 권력을 이용한 조중동의 우회적인 '인사 청탁'이 거의 먹히지 않았다. 조중동은 전혀 예상치 못했던 주요 인사들의 등장에 불쾌할 수밖에 없었다.
조중동이 오늘날 '정윤회 · 최순실' 등 소위 비선실세에 비판적일 수밖에 없는 이유는 그들이 10년 전 비판했던 고졸 출신에 막노동을 전전한 '근본 없는' 대통령과는 비교할 수 없을 만큼 근본이 없기 때문이다. 한때 조중동 사주 세 명이 모이면 대통령을 만들 수 있다는 우스갯소리가 있을 만큼 기세가 대단했던 신문사들이 최순실보다 권력 서열에서 밀린다는 사실을 받아들이는 과정에서는 참기 힘든 굴욕감을 느낄 수밖에 없다.*

한마디로 권력으로부터 팽을 당했다는 말인데, 권력과의 긴장 관계가 언론의 존립 이유라면 이제야 〈조선일보〉가 제대로 된 언론의 역할을 할 수 있다는 이야기다. 실제로 내 어머니의 친구분들 중 다수를 차지하는

* 조중동에게 노무현보다 박근혜가 최악인 다섯 가지 이유, 〈미디어오늘〉, 2016년 10월 23일.

박사모 회원들은 "요즘 〈조선일보〉가 왜 이러냐?", "〈조선일보〉 끊어야겠다"라는 말씀을 많이 하신다니, 〈조선일보〉로서는 반가워해야 할 일이다. TV조선이라고 해서 특별히 다를 것은 없다. 우익 인사들이 나와 야당을 비난하고, 탈북자를 등장시켜 북한을 욕하는 프로만 주야장천 나오던데, 나이 든 분을 제외하고 이런 방송을 누가 좋아하겠는가? 지금 당장은 박근혜-최순실 게이트 보도로 인기를 끌 수 있겠지만, 중요한 것은 그 이후다. 이참에 네 편 내 편 가리지 말고 비판할 것은 비판하는 '비판 언론'으로 거듭나면 어떨까.

새로운 언론사, JTBC의 약진

종편 4사 중 매출액 1위, 언론 매체 중 신뢰도 3위. JTBC의 현재는 화려하기만 하다. 처음 JTBC가 생겼을 때만 해도 다른 종편과 다를 바 없다고 생각한 사람이 많았을 것이다. 나 역시 그중 하나였고, 종편은 출연은 물론이고 시청조차 안 하겠다고 다짐했다. 김희애와 유아인의 러브라인이 돋보였던 〈밀회〉를 보면서 죄책감을 느끼기까지 했는데, 그 드라마가 내가 본 유일한 종편 프로그램이었을 것이다. 지인들이 다 〈JTBC 뉴스〉로 갈아탄 뒤에도 나는 여전히 종편을 멀리했다. 지인들의 배신은 손석희 씨 때문이었다. 2013년 5월, 손석희 씨는 JTBC 사장으로 옮겼다. 외압이 있어도 경질하지 않고, 전권을 주겠다는 약속도 받았다고 했다. 심지어 삼성에 대해서도 문제가 있다면 보도하겠다고 했다.* 보수적인 조직에 그렇지 않은 사람 하나 간다고 해서 뭐가 얼마나 달라질까 싶었지만, 그 자리가 사장이면 이야기가 좀 달라지는 법인가 보다. 국정원의 대선 개입에 대해 보도했다가 '공정성과 객관성을 위반했다'며 방송통신위원회(이하 방통위)로부터 경고를 받고, 세월호 참사를 보도하던 중 눈물을 보이기도 했다. 정부가 〈JTBC 뉴스〉를 불편해할수록 신뢰도는 올라갔다. 오죽하면 정부가 가장 무서워하는 말이 JTBC 앵커를 맡은 손석희의 "시청자 여러분, 저희들은 내일도 최선을 다하겠습니다"라고 하겠는가. 급기야 JTBC는 2015년 3월 30일 다음과 같은 자랑을 했다.

> "웬만하면 자기 자랑은 뉴스에서 하지 않는 것이 옳다고 봅니다만 …… 방송통신위원회가 지난해 지상파와 종합편성 채널을 통틀어 조사한 결과인데요, JTBC는 신뢰성과 공정성, 공익성 등 7개 조사 분야에서 모두 1위에 올랐습니다."**

JTBC의 신화를 만든 태블릿PC 보도는 이런 토양에서 나올 수 있었다. 내가 〈JTBC 뉴스〉를 꼭 챙겨 보게 된 것도 그 보도 이후인데, 진작 안 본 게 후회될 정도다. 만일 군소 방송사인 MBC나 어르신을 위한 방송사인 KBS가 태블릿PC를 발견했다면 박근혜-최순실 게이트는 시작도 되

* JTBC 간 손석희 "삼성 문제, 팩트 놓치는 일 없을 것", 〈오마이뉴스〉, 2013년 5월 13일.
** JTBC, 채널평가 전 분야 1위 …… "시청자가 직접 평가", 〈JTBC 뉴스〉, 2015년 3월 30일.

지 않았을 테고, 정유라는 지금도 독일에서 30억을 호가하는 말 블라디미르를 타고 있지 않을까? 하지만 이로 인해 JTBC는 고초를 겪어야 했다. 박사모가 "손석희 사형! JTBC 압수수색!"을 내걸고 방통위가 있는 방송회관에 난입해 농성을 벌이자 방통위는 이에 굴복해 태블릿PC 보도를 심의하기로 했다.* 그런가 하면 개인적으로 존경하는 언론인 변희재는 손석희 사장의 호화 주택 구입 의혹을 제기했다.** 박사모와 변희재가 펄펄 뛰는 것을 보면 지금 JTBC는 참언론이 걸어야 할 길을 제대로 걷고 있는 모양이다. 그런 면에서 손 사장의 JTBC행은 자신은 물론이고 국민들을 위해서도 최상의 한 수였다.

대통령에게 필요한 언론관

언론탄압 하면 요즘 다들 미국의 트럼프(Donald Trump) 대통령을 떠올린다. 언론 자체가 해악이라고 생각하는 그는 기자회견장에서 CNN 기자가 질문하지 못하게 막았으며, "당신들은 가짜 언론(fake news)"이라느니 "당신 회사는 끔찍하다. 무례하게 굴지 말라"고 말하기도 했다.*** CNN이 대선 때 자신과 러시아의 긴밀한 접촉에 대해 보도한 일이 트럼프의 심

* 최순실 태블릿 보도 JTBC 기자 포승줄 사진 내건 변희재, 〈미디어오늘〉, 2017년 1월 20일.

** 엄마부대 "JTBC 없애라" …… 방통위 난입 집단 농성, 〈헤럴드경제〉, 2017년 1월 19일.

*** 트럼프, 기자회견서 "가짜 언론" CNN 기자 질문 거부 …… CNN "폭력적 행동", 〈아시아경제〉, 2017년 1월 12일.

기를 건드린 모양이다. 하지만 트럼프는 앞에서 화는 낼지언정 그 이상의 행동은 아직까지 하지 않았다. 언론사 사장을 경질하고 기자를 전보 발령하라고 압력을 가하는 즉시 트럼프는 대통령직에서 쫓겨날 테니까. 결국 CNN을 비난하는 트럼프의 행동은 오히려 CNN의 가치만 올려 줄 뿐이다. 이에 비해 박근혜 전 대통령의 언론탄압은 집요하고 치졸했다. 정윤회 문건을 보도함으로써 혹독한 시련을 겪은 〈세계일보〉를 예로 들어 보자. 헌법재판소에 출석한 조현일 기자는 다음과 같이 말했다.

> "박관천 전 행정관은 직설적으로 말렸으며, '(보도될 경우) 조 기자는 3년 정도 검찰에 불려 갈 각오를 해야 하고, 〈세계일보〉는 세무조사를 당할 것이며, (〈세계일보〉를 운영하는) 통일교 재단도 청와대의 보복을 받을 것'이라고 구체적으로 경고했다."*

이어서 나온 조한규 전 〈세계일보〉 사장의 말도 들어 보자.

> "쉽게 말하면 아우 회사(〈세계일보〉) 탓에 형님 회사(통일 그룹)가 세무조사를 받은 겁니다. 통일교 재단이 〈세계일보〉 대주주라 그쪽으로 압력이 들어왔어요. 그때 받은 스트레스는 말로 표현 못해요."**

---

* '정윤회 문건' 보도 기자 "박관천 靑 행정관에게서 검찰 보복과 언론사 세무조사 경고받았다", 〈조선일보〉, 2017년 1월 12일.

** 조선일보 계열사들 세무조사 …… 청, 우병우 의혹 제기 보복?, 〈경향신문〉, 2016년 10월 13일.

결국 그는 청와대의 압박으로 인해 퇴직금도 못 받고 쫓겨났다. 우병우 의혹 보도 이후 〈조선일보〉 계열사도 세무조사를 받았으니, 이런 상황에서 용기 있게 권력의 비리를 밝힐 언론이 어디 있겠는가? 박근혜 전 대통령의 언론관은 외신이라고 차별을 두지 않았다. 세월호 7시간 의혹을 보도했다는 이유로 〈산케이신문〉 지국장을 명예훼손으로 고소하고, 〈뉴욕타임스〉가 '박 전 대통령이 민주주의를 후퇴시키고 있다'는 취지의 사설을 싣자 이를 반박하는 글을 보내 게재하기까지 했다.* 이쯤 되면 두 손 두 발 다 들 수밖에 없다. 그러나 기억해 두자. 이렇게 언론을 탄압한 권력자의 말로는 늘 비참했다는 것을 말이다.

덕분에 차기 대통령에 대한 기준치가 아주 낮아졌다. "그냥 정상적인 사람이면 좋겠다", "최소한의 상식은 갖춘 사람이면 좋겠다" 등등이 시민들이 바라는 점이라는데, 나는 누가 되든지 언론의 뭇매를 기꺼이 감당하는 이였으면 좋겠다. 앞에서는 화를 낼지언정, 뒤에서 치졸한 보복을 해 놓고선 '나는 모른다'고 잡아떼지 않는 대통령, 이게 내가 바라는 차기 대통령의 조건이다. 혹시 대통령이 이런 사람이 아니더라도 국정원이나 검찰 등 권력기관이 나름의 중립성을 가지고 원칙대로 일을 해 나가면 좋겠다. 쓰고 보니 너무 어려운 조건인 듯하다. 첫째도 어렵지만, 둘째가 훨씬 더.

* 박근혜 정부, 뉴욕타임스 사설에 반박글 보냈다, 〈미디어오늘〉, 2015년 12월 10일.

어디에나 있고 어디에도 없는, 북한

색깔론과 선거

영화 〈빌리지〉

〈식스 센스〉(1999)로 유명한 나이트 샤말란(M. Night Shyamalan)의 영화 〈빌리지〉(2004)는 19세기의 삶을 사는 마을을 배경으로 한다. 강한 신앙으로 뭉친 공동체를 유지하고 있기에 범죄 걱정은 안 해도 되는 이 마을에 유일한 걱정거리가 있다. 마을의 경계를 이루는 숲에 괴물이 살고 있다는 것이다. 마을 안으로 괴물이 들어오는 일은 드물지만, 수틀리면 마을로 들어와 사람들을 잡아간다. 사람들은 괴물이 나타날 것에 대비해 집 안에 숨을 곳을 하나씩 마련했을 정도다. 괴물의 존재는 사람들로 하여금 마을 바깥으로 나가지 못하게 하는 장벽이기도 하다.

하지만 꼭 밖으로 나가야 할 일이 생긴다. 아이가 아파서 약이 필요했는데, 마을 바깥으로 가면 아이를 구할 약이 있다는 것이다. 묘하게도 약을 구하러 가는 사람은 시각장애인 소녀다. 괴물의 습격을 피해 마을 바깥에 다다른 소녀는 결국 담장을 넘는 데 성공한다. 그때부터 관객은 난데없는 반전에 충격을 받는다. 담장 안 마을과 달리 담장 바깥에는 도로가 있고, 경찰차가 그 주위를 돌고 있다. 경찰 한 명이 말한다. "이곳이 어째서 야생동물 보호구역이지? 동물도 별로 없는데."

사정은 이랬다. 강력범죄로 가족을 잃은 사람들은 더 이상 그런 세상에서 살기 싫어 착한 사람들만의 마을을 꿈꾼다. 그중 막대한 유산을 물려받은 이가 땅을 사고, 그 안에다 19세기풍의 마을을 만든다. 야생동물 보호구역으로 위장한 것도 마을이 외부에 드러나지 않게 하기 위함이었다. 문제는 2세대였다. 착한 사람들의 마을이란 대의에 동의하는 1세대는 자발적으로 그 마을에 왔으니 이의가 없지만, 2세대가 계속 그 마을에서 살게 하려면 특단의 조치가 필요했다. 그래서 그들은 마을 경계에 괴물이 산다는 소문을 퍼뜨렸고, 그들 중 몇 명이 가면을 쓰고 괴물 흉내를 낸 것이었다. 약을 가져오라고 시각장애인 소녀를 보낸 것도 외부의 비밀을 알지 못하게 하려는 의도였다. 이 충격적인 반전에 영화를 본 뒤 한참 동안 얼떨떨했던 기억이 난다.

북한이 만든 유리천장

젊을 때는 누구나 넓은 세상으로 나가는 꿈을 갖기 마련이다. 다양한 경험을 통해 배울 점도 많고, 자신이 가졌던 고민이 아무것도 아니라는 사실을 깨달을 수도 있으니 말이다. 하지만 영화 〈빌리지〉의 젊은이들은 수시로 출몰하는 괴물로 인해 삶 자체가 마을 경계 안으로 축소된다. 우물 안 개구리는 창조적인 일을 하기 어렵다. 몸이 경계를 넘지 못하다 보면 상상력도 그 안에 갇히기 때문이다. 이런 맥락에서 오랜 세월이 흘러도 〈빌리지〉의 사람들은 아마 19세기 수준에 머물며 살아갈 것 같다.

우리나라도 경계를 이루는 DMZ 너머에 괴물이 산다. 북한이라는 괴물 말이다. 이 괴물의 존재는 우리의 사고를 반도에 머물게 한 결정적인 요인이다. 물론 우리는 〈빌리지〉의 주민들과 달리 배나 비행기를 타고 얼마든지 해외로 갈 수 있지만, 우리의 사고는 반도를 넘어 대륙으로 가지 못한다. 북한과 연관성이 있다고 판단되는 순간 간첩으로 몰려 잡혀가니까. 한국은 높은 교육열과 군사적 동원력의 힘으로 어느 정도 사는 나라가 될 수는 있었지만, 창의성 면에서는 다른 나라보다 떨어질 수밖에 없다. 예를 들어 보자. 시위 때 늘 부르는 노래 중 〈아침이슬〉이라는 곡이 있다. 김민기가 짓고 양희은이 부른 이 노래는 오랜 기간 금지곡이었다. 당시에는 모든 노래가 검열을 받아야 했는데, 검열 당국은 "태양은 묘지 위에 붉게 떠오르고"라는 대목을 문제 삼았다. 북한의 적화통일을 의미한다는데, 노래를 지은 김민기도 전혀 상상하지 못한 놀라운 통찰이었다. 노래 하나가 이런 식으로 금지곡이 될 수 있다면, 검열관이 마음먹기에 따라 다른 노래도 얼마든지 금지곡으로 만들 수 있다. 1970년대에는 이런 일이 부지기수로 일어났다. 배호가 부른 〈0시의 이별〉은 당시 0시에 통금이 있었기 때문에, 송창식의 〈왜 불러〉는 반항심을 조장한다고 금지곡이 됐다. 그러다 보니 작곡가들은 자신이 만든 노래가 금지될까 봐 전전긍긍했고, 결국 그들은 다 피하고 아주 건전한 노래만 만들게 됐다. 이런 노래처럼 말이다.

우리 대한민국 아아 우리 조국/아아 영원토록 사랑하리라.*

북한 때문에 벌어지는 검열은 과거의 문제만이 아니다. 정부에 비판적인 예술인들의 명단을 정리한 블랙리스트를 보자. 정부를 비판하는 예술인에게는 지원을 하지 않고 오히려 탄압한다면, 그들이 예술에만 집중할 수 있을까? 이것이 문화 융성을 부르짖은 박근혜 정부 치하에서 우리나라의 문화가 오히려 퇴보한 이유다. 이는 비단 예술에만 국한된 것은 아니다. 람블편모충이라는 기생충이 있다고 치자. 이 기생충은 어떻게 보면 북한에서 국방위원장을 지낸 김정일을 닮았다. 그 이유로 이 기생충에 대한 연구비 지원이 거부당하고, 이 연구를 해 온 기생충 학자가 좌파로 몰려 구속이 된다면 어떻게 될까? 무슨 트집을 잡을지 모르

* 정수라, 〈아! 대한민국〉 가사 중

니 오해의 소지가 있는 기생충은 아예 연구를 안 하게 될 것이다. 경제는 어떨까? 우리나라 경제 성장률을 북한보다 낮게 예측했다고 국정원에 끌려가 고문을 당한다면, 제대로 된 경제 예측이 가능할까? 사고의 제약은 이렇게 거의 모든 분야에 영향을 미쳐, 사람들을 위축시킨다. 안타깝게도 우리나라에서는 이런 일들이 부지기수로 벌어졌고, 21세기인 지금도 근본적으로 다르지 않다.

색깔론에 길들여진 삶

북한의 존재는 우리의 상상만 제약하는 것이 아니다. 색깔론은 제기하는 쪽에서는 매우 효과적인 전략이다. 특히 선거 기간 동안 강력한 힘을 발휘한다. 다음은 색깔론의 일반적인 코스다.

A : 너 김정은에게 형이라고 했더라? 너 종북이구나?

B : 아냐. 나 종북 절대 아냐. 그리고 김정은에게 형이라고 한 적 없어. 형뻘이네, 이렇게 말한 거야.

A : 형뻘이나 형이나 그게 그거지. 호형호제하는 거 보니까 넌 종북 맞아. 미쳤구나. 김정은에게 형이라고 하다니.

B : 저 정말 그런 적 없어요. 억울합니다.

이렇듯 색깔론으로 공격하면 상대방은 그 딱지를 부인하느라 쩔쩔매고, 그가 하는 모든 말은 치졸한 변명으로 들린다. 안 그래도 B를 의심하던 유권자들은 '역시 그렇군!' 하며 고개를 끄덕인다. 실제로 여당은 2012년 대선 때 노무현 전 대통령이 NLL 포기 발언을 했다는 주장으로 야당을 궁지로 몰아넣었다. 그런데 여기에는 다음과 같은 문제가 있다. 첫째, 남북 정상 간의 대화를 기록한 문서가 정략적으로 공개돼도 되는가? 둘째, NLL 포기 발언이 사실인가? 셋째, 설사 노무현 전 대통령이 그렇게 말했다 쳐도 야당 후보가 책임을 져야 하는가? 이런 문제점에도 불구하고 NLL 논란은 이를 제기한 여당에 유리하게 작용했다. YTN에서 명지대학교 김형준 교수가 한 말을 들어 보자.

> 마지막으로는 저 NLL 논란이 굉장히 큰 영향을 미쳤다고 봅니다. …… 표를 보면 관심 있다가 물론 54.5%였지만 NLL 논란과 관심이 있다고 하는 사람들의 대선후보 지지도를 보면 박근혜 후보를 지지했던 사람들이 58.5%이고 문재인 후보가 40.7%. 약 18% 포인트 차이가 나거든요. …… 저 이슈는 선거 거의 막판에 불거졌지 않습니까? 저것이 선거에서 결국은 보수 결집과 50대 이상의 고연령층을 투표장으로 끌고 가게 하는. 50대 당시 투표율이 82%로 굉장히 높았거든요.*

* "이슈 선점하는 후보가 대통령이 된다", 〈YTN 뉴스〉, 2017년 1월 13일.

앞서 보는 것처럼 색깔론은 선거에 영향을 미치며, 이는 대부분 보수정당에게 유리하게 작용했다. 색깔론을 제기할 수 있는 주체는 오직 보수정당이기 때문이다. 김대중 전 대통령은 물론이고 노무현 전 대통령이 대선후보로 나왔을 때, 보수세력은 그들이 당선되면 나라를 북한에 넘겨줄 것처럼 난리를 치지 않았던가? 하지만 박근혜 전 대통령이 2005년 김정일 위원장에게 "북남이 하나 되어"라는 문구가 들어간 편지를 보내도, "박근혜 빨갱이"라는 말은 나오지 않았다. 만약 진보진영 후보가 이런 편지를 썼다면 한바탕 난리가 났을 것이다(실제로 한 누리꾼이 박사모 게시판에 진보진영 후보가 쓴 것처럼 속여 이 글을 올리자 박사모들은 거품을 물었다). 억울하면 보수 하자, 라는 생각까지 든다. 우리나라에서 진보가 보수에게 색깔론을 제기한 적은 딱 한 번 있다. 1963년 선거에서 윤보선 후보가 박정희 후보에게 색깔론을 제기한 것이다! 하지만 이를 색깔론이라고 하기는 어렵다. 박정희 전 대통령은 실제 남로당에 가입한 사실이 있었기 때문이다. 반면 김대중 전 대통령과 노무현 전 대통령 등 보수세력이 색깔론을 펴는 대상들은 박정희 전 대통령과 비교될 경력 자체가 없다. 그럼에도 보수정당은 끊임없이 색깔론을 제기해 왔으니, 선거 전략치고는 매우 비열하다.

아래는 내가 2012년 대선 직전 색깔론에 대해 쓴 칼럼인데, 글이 워낙 훌륭하니 한번 읽어 봐 주기 바란다.

좌변기의 꿈

저 멀리 아프리카에는 가상의 나라 '누리공화국'이 있다. 인구 450만의 조그만 나라인데, 다른 아프리카 국가들과 달리 누리공화국은 돈을 많이 버는 몇몇 기업 덕분에 비교적 높은 1인당 국민소득을 자랑한다. 안타까운 점은 국민소득의 절대 다수를 몇몇 기업주와 부자들이 가져가며, 대부분의 국민들은 극빈층이라는 것이다. 부자들은 비데가 설치된 좌변기에서 안락하게 일을 보는 반면, 국민의 98%는 푸세식 변소에서 일을 본다. 하체가 튼튼해진다는 장점도 있지만 푸세식 변소의 결정적 단점은 기생충을 확산시키는 거였다. 열대 국가답게 누리공화국은 강우량이 많은 편인데, 비가 오는 날이면 푸세식 변소에 쌓인 변이 밖으로 나와 거리에 뿌려진다. 그 변 안에는 온갖 종류의 기생충 알이 들어 있어, 위생이 안 좋은 그 나라 사람들은 쉽게 기생충에 감염된다. 누리공화국에서 37년째 국밥집을 운영하는 한 할머니는 이렇게 말씀하신다. "국밥을 아무리 맛있게 만들면 뭐하겠노? 기생충들이 다 먹어 치우는데."

누리공화국 사람들이 가장 바라는 일은 당연히 푸세식 변소를 좌변기로 바꾸는 것이다. 그런데 신기하게도 공화국 추장 선거 때마다 '전 가구 좌변기 교체'라는 공약을 내건 후보가 나서지만, 사람들이 그 후보를 뽑지 않는다. 오히려 그들은 '부자가 더 잘 사는 나라'를 외치는 후보에게 투표한다. 누리공화국에서 37년째 국밥집을 운영하는 아까 그 할머니에게 이유를 물었더니 이렇게 말씀하신다. "선거 때만 되면 이상하게 변기 생각을 못 하게 되더라고. 그것보단 이웃 나라가 우리를 쳐들어오면 어쩌나 하는 걱정만 들어." 몇몇 과학자들은 누리공화국에서 벌어지는 이 기현상에 대한 연구를 시작했다. 그중 눈이 작은 과학자 한 명이 이유를 알아냈다. 자기 정체성과 반대로 투표하는 유권자들이 유시노이데스라는 기생충에 감염되어 있었던 것.

유시노이데스는 보통의 기생충과 다른, 독특한 생활사를 영위한다. 대다수 기생충이 채소에 묻은 알을 통해 사람에게 감염되는 반면 유시노이데스는 각 가정에 배달되는 신문을 통해 사람에게 감염된다. 유충 상태로 신문지에 묻어 있다가 신문을 보는 사람의 손가락 피부를 뚫고 들어간다는 게 학자들의 말. 사람 몸에 들어간 유시노이데스는 혈액을 타고 뇌로 가는데, 거기서 숙주가 죽을 때까지 평생을 잠복한다. 별다른 증상을 나타내지 않아 당사자는 기생충에 걸린 사실조차 모르지만, 최근 연구 결과 이 기생충이 사람의 판단력에 영향을 미치는 것으로 드러났다. 즉 유시노이데스에 걸리면 자기 자신의 정체성을 잃어버리며, 이웃 나라에 대한 적개심이 증폭되는 묘한 현상이 발견됐다. 일상생활에는 별로 지장이 없지만, 추장을 뽑는 선거 때마다 증상이 심해져 좌변기의 꿈을 번번이 좌절시켜 온 것. 지난 선거 때도 누리공화국 국민들은 "강바닥을 깊게 파 놓을 테니 강물에다 용변을 보세요"라고 주장한 후보에게 아낌없이 표를 던졌고, 그 후보는 추장에 당선된 뒤 전 가구에 좌변기를 설치할 수 있는 돈으로 강바닥을 원 없이 파 댔다. 제정신으로 돌아온 누리공화국 국민들은 "아이고, 저 돈이면 좌변기에 비데까지 달 수 있겠네"라고 안타까워했지만, 이미 늦은 일이었다.

시간이 흘러 또다시 선거철이 다가왔다. 유시노이데스가 어김없이 활동을 개시한 덕분인지 이번에도 좌변기로 바꿔 주겠다는 후보가 여론조사에서 밀리고, 좌변기 타령은 그만하고 이제부턴 푸세식 화장실을 즐기라는, 소위 '즐푸세'를 공약으로 내건 후보의 당선이 유력하다. 비데까지 달아 주겠다며 표심을 사로잡았던 후보가 사퇴해 양자 대결이 되었건만, 민심은 돌아설 줄 모른다. 37년째 국밥집을 운영하는 아까 그 할머니에게 왜 그 후보를 지지하냐고 물었다. "변이야 어디서 본들 뭔 상관이겠소? 이웃 나라로부터 우리를 지켜 줄 추장을 뽑는 게 중요하지." 그 나라 국민들이 좌변기에서 일을 보려면 유시노이데스라는 기생충을 치료해야 하건만, 아쉽게도 뇌 속에 있는 기생충을 없애는 약은 아직 개발되지 않았고, 더러운 신문을 끊고 깨끗한 신문을 보는 게 추가적인 감염을 막을 수 있는 유일한 방법이란다. 그 국밥집 할머니는 살아생전 좌변기에서 일을 볼 수 있을까. 그랬으면 좋겠다.*

* [서민의 과학과 사회] 좌변기의 꿈, 〈경향신문〉, 2012년 12월 12일.

보수와 진보, 그들의 안보

위에서 말한 대로 2012년 대선에서 박근혜 후보가 당선된 데에는 NLL로 대표되는 색깔론도 어느 정도 힘을 발휘했다. 여기서 생각해 봐야 할 점은 색깔론이 제기될 때마다 어떤 유권자들이 왜 꼭 보수 쪽에 투표하는지다. 보수는 진보보다 정말 안보를 잘 책임질 수 있을까? 한국 현대사를 살펴보면 꼭 그런 것만은 아니었다. 입만 열면 북진통일을 주장하다 막상 북한이 쳐들어오니 잽싸게 도망친 뒤 한강 다리를 끊어 버렸던 이승만을 필두로, 우리나라는 보수정권 시절 안보가 더 취약했다. 김영삼 정부 시절이던 1996년에 일어난 강릉 무장공비 침투 사건을 보자. 이는 무장공비 26명이 상어급 잠수정을 타고 동해안에 침투했다 좌초되는 바람에 육로로 북한에 가려고 해안가에 상륙하다가 일어난 사건이다. 그 당시 우리 군은 북한 잠수정이 안방처럼 동해안을 오간 사실을 전혀 알지 못했는데, 잠수정을 좌초하게 만든 것은 놀랍게도 어민이 쳐 놓은 꽁치잡이 그물이었다. 그로부터 49일간 상륙한 공비를 소탕하는 일이 뒤따랐는데, 이 과정에서 아군 12명이 희생되었다. 게다가 북한군에 의해 살해당한 표종욱 일병의 사인을 "탈영"이라 발표함으로써 사건을 은폐하려 했고, '오늘은 어느 지역을 수색할 것'이라는 내용을 언론에 매일같이 브리핑함으로써 공비들의 도주에 큰 도움을 주기도 했다.*

* 강릉 무장공비 침투 사건, 나무위키(namu.wiki.) 참조.

2010년 3월, 이명박 정부 당시 벌어진 천안함 침몰 사건은, 동의하지 않는 이도 있겠지만, 북한 어뢰에 의해 천안함이 침몰함으로써 46명이 사망한 사건이다. 이는 명백한 북한의 도발이었지만, 우리 정부는 북한에 대해 어떤 조치도 취하지 못했다. 더 충격적인 것은 북한이 그해 11월, 선전포고도 없이 연평도를 포격했다는 사실이다. 이는 휴전 이래 최초로 발생한 민간거주구역 공격이었다. 이로 인해 민간인 2명과 아군 2명이 사망했고, 다수의 부상자가 발생했다. 우리 정부를 얼마나 우습게 봤으면 이런 짓을 했을까. 그다음이 더 어이없었다. 정부는 비밀리에 북한 대표단을 만나 천안함과 연평도 사건에 대해 사과를 요청했는데, 북측이 사과를 거부하자 "북측에서 볼 때는 사과가 아니고 남측에서 볼 때는 사과처럼 보이는 절충안이라도 만들어 달라"*며 거의 구걸 수준의 요구를 했다. 북한은 남한 측이 돈 봉투를 내밀며 정상회담을 요구했다는 소식과 더불어 이 사실을 폭로했는데, 신기한 일은 어버이연합 등 보수세력들이 아무런 움직임을 보이지 않았다는 점이다. 만일 노무현 정부 때 이런 일이 발생했다면 '이게 나라냐?'며 거리로 나와 성조기를 흔들었을 텐데 말이다. 참고로 이명박 정부는 역대 정부가 성남비행장을 이용하는 공군기의 안전을 이유로 허가하지 않았던 제2롯데월드를 허가해 줬는데, 이는 이명박 정부가 군을 어떻게 생각했는지 잘 보여 준다.** 박근혜 정부 때는 북한이 군사분계선(MDL) 남쪽 지역에 목함지뢰를 매설해 군 장병

* 북 "남측이 정상회담 제안" 비밀접촉 공개, 〈한겨레〉, 2011년 6월 1일.

** 롯데는 어떻게 한국 공군을 제압하고 제2롯데월드를 세웠나, 〈경향신문〉, 2016년 6월 15일.

2명이 중상을 입은 사건이 일어났는데, 국방부 장관이 청와대에 보고를 했음에도 불구하고 그다음 날 통일부가 북한에 고위급 회담을 제안함으로써 도대체 보고 시스템이 작동하는지 의문을 갖게 만들었다.* 물론 청와대는 이런 일이 있을 때마다 늘 그랬듯이 국방부 장관의 잘못으로 결론을 내렸다.

반면 진보정권 때는 이런 굴욕을 당한 적이 없다. 김대중 정부 시절인 1999년 벌어진 서해교전을 보자. 훗날 1차 연평해전으로 명명된 이 전쟁은 NLL에 불만을 가진 북한 경비정이 먼저 우리 함선에 총을 쏨으로써 시작됐다. 하지만 우리 측의 반격으로 적은 엄청난 피해를 입은 뒤 퇴각했는데, 배에 타고 있던 북한 승조원이 전원 사망했을 것으로 추정된다. 그 후 북한은 이에 대한 유감 표명까지 했다. 그로부터 3년 후인 2002년 북한은 다시금 우리 해군을 공격하는데, 이번에는 좀 더 치밀하게 준비를 한 탓에 우리 군의 피해가 제법 컸다. 6명의 군인이 사망했고, 18명이 부상을 당했으며, 배 한 척이 가라앉았다. 물론 북한 측은 훨씬 더 큰 피해를 입었지만, 이로 인해 우리 군의 교전 수칙이 도마 위에 올랐다. 적이 공격하기 전까지는 우리가 먼저 발포할 수 없다는 게 그 내용인데, 보수세력은 김대중 전 대통령이 1차 연평해전 이후 이 수칙을 만듦으로써 우리 군이 피해를 입는 데 결정적 역할을 했다고 주장했다. 이는 사실이 아니다. 교전 수칙은 그 이전부터 있었고, 우리가 압승을

* 유승민, 北 지뢰 도발 다음 날 남북고위급 회담 제의한 정부 "제정신인가", 〈세계일보〉, 2015년 8월 12일.

했던 1차 연평해전 때도 있었다. 그럼에도 보수세력이 "김대중이 수칙을 고쳤다"라고 우기는 이유는 다음과 같은 시나리오를 위해서다.

① 김대중은 친북 빨갱이다.
② 김대중은 1차 연평해전 승리 뒤 기분이 좋지 않았다. 자신의 조국인 북한이 이겼어야 하는데 우리가 이겨 버렸으니까.
③ 그래서 김대중은 우리 군에 불리하게 교전 수칙을 바꾼다.
④ 2차 연평해전에서 우리가 패배하자 김대중은 기분 좋게 숙면을 취한다.

인터넷 커뮤니티에서는 김대중 전 대통령이 연평해전이 벌어진 날 월드컵 경기를 보기 위해 일본에 갔다고 열심히 공격했다. 그들은 세월호 7시간 동안 아무것도 안 한 박근혜 전 대통령보다 연평해전 때 일본을 간 김대중이 더 나쁘다고 한다. 2017년 1월 25일 박근혜 전 대통령과 인터뷰를 한 정규재는 이렇게 말한다. "김대중 전 대통령은 연평해전 때 축구를 보러 갔지만 탄핵은 안 됐다."

〈한국경제신문〉의 주필이란 자가 누리꾼들처럼 근거 없는 '물타기'를 하는 광경을 보면, 도대체 우리나라 보수는 왜 이 모양인가 한숨이 나온다. 연평해전이 일어난 날은 대구에서 한국과 터키 국가대표팀의 월드컵 3, 4위전이 예정돼 있었다. 남북 해군 간 교전에 관한 보고를 들은 김대중 전 대통령은 긴급 국가안전보장회의(NSC)를 소집하고 그 회의에 참석했다. 그날 저녁 청와대에서 국무위원들과 3, 4위전을 보려던 계획도 취소했다. 김대중 전 대통령이 폐막식 참석차 일본에 간 것은 그다음 날이다.* 사망한 군인들의 영결식에 가지 않은 것은 비판할 수 있지만, '연평해전 때 축구를 보러 일본에 갔다'라는 소설은 쓰지 말자.

노무현 전 대통령도 자주국방을 역설하며 국방력 강화를 위해 노력했다. 물론 이명박 전 대통령도 3차 서해교전, 훗날 대청해전으로 불린 전투에서 승리한 적이 있긴 하지만, 그렇다 해도 안보에서 진보와 보수의 차이는 너무 커 비교조차 안 될 정도다. 심지어 군 복무 전력도 차이가 난다. 대통령을 비롯해서 보직자 대부분이 군 복무를 마친 진보정권과 달리, 보수정권 하에서는 이런저런 이유로 군 복무를 다하지 않은 이들이 많다. 이런 이들이 가장 많았던 때가 바로 이명박 정부 시절이었는데, 당시 기사를 보자.

> 이명박 대통령을 필두로 김황식 국무총리와 원세훈 국정원장이 군 면제를 받았다. 김성환 외교통상부 장관은 1급 현역판정을 받은 후 2년 뒤에 신체검사 재검에서 '턱관절 탈구'로 4급 보충역을 받았다. 외교안보라인 외에도 윤증현 기획재정부 장관, 정종환 국토해양부 장관, 이만의 환경부 장관, 최시중 방통위원장, 강만수 대통령 특별보좌관, 안상수 한나라당 대표 등이 병역 면제자다. 이 때문에 누리

* 정규재 "김대중 전 대통령, 연평해전 때 축구 봤다" …… 사실은?, 〈국민일보〉, 2017년 1월 8일.

꾼들 사이에서는 '병역미필 정권'으로 꼬집는 글이 잇따라 올라오는 상황이다.*

사정이 이런데도 여전히 '안보=보수'라는 생각이 먹히는 게 신기하기만 하다. "네 생각은 잘못됐다"라고 말해도 소용없는 것이, 앞서 언급한 자료에 기초해 얘기를 해 봤자 돌아오는 대답은 이렇다. "김대중은 연평해전 때 축구 본다고 일본 갔잖아!" 내가 어떤 이야기를 해도 저들을 설득할 수는 없겠구나, 하는 생각에 우울해진다. 안 그래도 돈·언론·지역감정 등 모든 면에서 불리한, 소위 기울어진 운동장에서 싸워야 하는 진보후보는 시시때때로 제기되는 색깔론까지 상대해야 한다. 6·25를 겪은 세대가 은퇴하면 색깔론이 사라질까 기대했지만, 잘못된 정보도 얼마든 유통시킬 수 있는 인터넷 덕분에 색깔론은 여전히 강력한 무기가 되고 있다. 방법은 없을까? 한 가지 있다. 우리가 북한과 통일하거나, 아니면 중국과 대만처럼 왕래 정도는 가능한 관계가 되는 것이다. 이 경우라면 색깔론은 지금보다는 힘을 잃지 않을까.

* 홍준표 "이참에 '군미필' 안보참모 정리를", 〈경향신문〉, 2010년 11월 29일.

선동열과 최동원, 누가 더 뛰어난 선수일까?

지역감정 바로보기

그래도 최동원이 더 우수한 투수다?

1980년대 한국 프로야구에는 선동열과 최동원이라는 두 걸출한 투수가 있었다. 당시 둘은 대표적인 라이벌로, 두 선수가 15회까지 마운드를 책임지며 무승부를 이끌어 냈던 경기를 소재로 한 〈퍼펙트게임〉(박희곤, 2011)이란 영화가 있을 정도다. 하지만 한국 프로야구에서 누가 더 뛰어난 투수인가를 따진다면, 둘은 비교가 무색할 만큼 큰 차이를 보인다.

- **평균자책점(ERA, 과거에는 방어율이라고 부름)** : 투수가 한 경기, 그러니까

9이닝당 몇 점을 내어 주는가를 나타내는 수치로, 점수를 덜 내어 줄수록 좋은 투수다. 선동열은 총 7차례나 평균자책점 1위를 한 반면 최동원은 한 번도 타이틀을 따지 못했다. 통산 평균자책점은 선동열 1.20, 최동원은 2.46으로 각각 역대 1위와 2위긴 하지만, 선동열이 압도적으로 좋다. 특히 1986년 선동열이 기록한 0.99와 이듬해 0.89는 그때가 프로야구 초창기라 수준이 낮았음을 감안해도 놀라운 기록이다.

- **승리 :** 상식적으로 더 많은 승리를 기록한 투수가 좋은 선수일 확률이 높다. 선동열은 146승(40패)을 거뒀고, 최동원은 103승(74패)이다. 물론 여기에는 변수가 있다. 타선이 강한 팀에 소속된 투수는 승리를 얻기 쉽다. 선동열은 최동원보다 강팀인 해태에서 뛰었다.
- **탈삼진 :** 삼진을 많이 잡는다고 반드시 더 뛰어난 투수는 아니다. 하지만 삼진이 많다는 것은 투수의 구위가 뛰어나다는 징표로, 정상급 투수들은 삼진 타이틀을 사랑한다. 선동열은 5차례나 탈삼진왕에 올랐고, 최동원은 2차례다. 통산을 따지면 선동열은 1,647.0이닝에서 1,698개의 삼진을 잡았다(역대 3위). 이닝당 한 개 이상의 삼진을 잡았다는 얘기다. 최동원은 1,414.2이닝에서 1,019개의 삼진을 잡았다. 삼진에 관해서도 선동열의 압승이다.
- **WAR(Wins Above Replacement) :** 비교적 최근에 나온 수치로, 평균적인 선수보다 얼마나 많은 승리를 가져다줬는지 나타내는 지표

다. WAR가 3.0이라면 그 선수는 리그 평균의 선수를 썼을 때에 비해 팀에 3승을 더 가져다줬다는 뜻이다. 스포츠는 이기는 게 목적이니, 승리를 가져다주는 선수, 즉 WAR가 높은 선수가 좋은 선수라는 얘기다. 선동열의 WAR는 107.05다. WAR는 매 경기 나오는 타자가 유리한데, 선동열보다 훨씬 더 오래 선수 생활을 한 양준혁(18시즌, 선동열은 11시즌)이 87.2로 2위다. 참고로 최동원은 49.7로 투수 부문 7위에 그쳤는데, 이는 그가 프로에서 뛴 기간이 8년으로 짧은 것도 이유가 된다. 하지만 팀 입장에서는 부상 없이 오래 뛰는 선수가 더 좋은 선수이므로, 여기서도 선동열의 압승이다.

- **조정평균자책점(ERA+)** : 평균자책점은 투수가 몇 점을 내줬는지에 관한 지표다. 여기에는 맹점이 있다. 수비가 좋지 않은 팀에 있으면 아무래도 평균자책점에서 손해를 보기 마련이니까. ERA+는 리그 평균 투수를 100으로 했을 때 이 투수가 어느 정도 수준이냐를 따지는 것으로, 수치가 높을수록 더 좋은 투수다. 팀의 수비가 어떻든, 시대가 어떻든 관계가 없어 투수의 능력을 따질 수 있는 장점이 있다. 선동열은 307.4로 역대 1위다. 어마어마한 수치로서 선발로 뛴 선수 중에는 200을 넘는 선수도 없다. 최동원은 142.0으로, 선발 투수로만 따졌을 때 151.5인 류현진에 이어 3위다.

야구는 기록의 스포츠다. '설마 이런 기록도 있을까?' 싶은 기록까지 다 데이터베이스에 보관되어 있다. 전문가들도 기록을 기준으로 선수들을 줄 세우고, 1위를 한 선수에게 상으로 보답해 주기도 한다. 기록은 거짓말을 하지 않는다. 타율이 3할 5푼인 선수는 3할 3푼인 선수보다 안타를 칠 확률이 높다. 게다가 약팀에 있어서 불리하다거나 넓은 구장을 써서 홈런을 치기 어려웠다는 변수도 다 감안한 기록들이 나오므로 이론의 여지가 없다. 그러니 기록상 앞섰다면 더 뛰어난 선수라고 해도 무방하다. 살펴본 대로 어떤 기록으로 봐도 선동열은 최동원보다 낫다. 하지만 우리나라 최고의 투수는 최동원이다. 최동원에게 보이지 않는 뭔가가 있는 것일까? 설사 그렇다고 해도, 그가 가진 능력이 경기에 반영돼 기록으로 증명되지 않는다면 아무 의미가 없다. 그런데 왜 최동원은 선동열보다 더 뛰어난 투수일까? 네이버 지식인에 올라온 글을 하나 보자.

요즘 야구팬들이 최동원과 선동열을 비교 평가하는 요인 중 가장 간과하는 부분이 바로 그 당시 야구 환경을 배제한다는 것입니다. 선동열의 우위를 주장하는 가장 큰 요소는 바로 평균자책점입니다. 그러나 이 비교는 잘못된 가정에서 출발한 것입니다. 당시 1980년대 KBO 각 팀 가운데 지금과 비슷하게 5선발에 근접한 팀은 해태밖에 없었다는 사실입니다. 즉 선동열은 지금처럼 로테이션을 지켜 가며 선발 등판이 가능했습니다. 반면 최동원은 롯데의 허약한 마운드로 인해 등판 횟수가 아주 많았고 3일 휴식조차 거의 보장이 되지 않았습니다. 최동원은 이로 인해 이닝 수가 많았지만 선동열은 6시즌 선발 투수 시즌 기간 4시즌은 평균 170이닝도 안 되었습니다.

이 글의 요지는 다음과 같다. "최동원이 약팀에서 뛰는 바람에 혹사를 당한 반면 선동열은 관리를 받으며 던졌으니 기록이 더 좋게 나온 거다." 실제 최동원이 1983년부터 5년간 던진 이닝 수를 보면 마음이 아프다. 162경기를 하는 메이저리그에서도 200이닝을 던지는 선수가 드문데, 108경기를 하는 한국 프로야구에서 최동원은 그 5년간 모두 200이닝을 넘겼다. 사람의 어깨는 고무가 아닌바, 그의 기세가 이듬해인 1988년부터 확 꺾인 것은 어찌 보면 당연한 일이었다. 반면 선동열은 선발로 주로 나오던 6년간 평균 194이닝에 불과하고, 딱 두 번만 200이닝을 넘겼다. 그러나 만일 둘의 기록이 비슷하다면 당연히 최동원이 훨씬 더 훌륭한 투수겠지만, 평균자책점 1.2와 2.46은 전혀 비슷한 기록이 아니다. "내가 혹사당해서 기록이 안 좋아요" 해 봤자 참작은 될지언정 우열을 뒤집을 변수가 못 된다는 이야기다.

이 외에도 많은 변명거리가 있다. 최동원의 전성기는 연세대 시절이다, 국제 대회에서는 최동원이 더 잘했다, 부상만 아니면 최동원이 훨씬 더 좋은 성적을 냈을 것이다, 최동원은 등판 거부를 한 적이 없지만 선동열은 컨디션이 안 좋으면 등판을 거부했다, 최동원은 메이저리그에서 오라고 했는데 선동열은 그런 제안이 없었다 등등. 하지만 이게 다 사실이고, 그로 인해 최동원이 좀 손해를 봤다고 치자. 최동원이 억울할 수는 있겠지만, 그렇다고 '한국 프로야구 최고의 투수는 선동열'이라는 명제를 반박하진 못한다. 그가 바로 프로야구 투수들 중 가장 좋은 기록을 낸 선수이니 말이다. 하.지.만. 숱한 논쟁을 해 봐도 결과는 늘 같았다. 선동열보다 최동원이 더 위대한 선수였다. 왜 그럴까? 내 생각에는 최동원이 경남고등학교를 나오고 부산을 연고지로 하는 롯데자이언츠에서 활약한 선수이기 때문이다. 반면 선동열은 광주일고를 나온 뒤 광주를 연고지로 하는 해태타이거즈에서 뛰었다. 영남 패권의 나라에서는 광주를 연고지로 하는 선동열이 프로야구 최고의 선수가 될 수 없었던 것이다. 워낙 최동원이 낫다는 글이 많다 보니 둘의 경기를 보지 못한 젊은 층도 인터넷 공간 안에서 최동원의 손을 들어 주는 기현상이 벌어지고 있다. 만일 최동원이 해태에서 뛰었고 선동열이 롯데였다면, 최동원 팬들은 이 둘을 비교하는 것조차 불쾌해했으리라.

영남 패권의 나라

우리나라는 영남 패권의 나라다. 단적으로 북한(황해도) 출신인 이승만 전 대통령과 1년도 채 대통령을 하지 못한 윤보선(충남) 전 대통령을 제외하고 나면 비영남 출신 대통령은 김대중 전 대통령만 남는다. 나머지 박정희, 전두환, 노태우, 김영삼, 노무현, 이명박, 박근혜 전 대통령은 모두 영남 출신이다. 차기 대통령 역시 영남에서 나올 확률이 높다. 대선

후보 중 영남 출신이 많기 때문이다.

영남이라고 해서 능력 있는 사람들이 유난히 더 많은 것도 아닐 텐데, 어떻게 영남은 그렇게 대통령을 많이 배출하는 것일까? 꼭 대통령이 아니더라도 영남에는 성공한 이들이 많다. 대통령이 영남 출신이라 그런지, 정부 요직의 상당수는 늘 영남 출신들로 채워진다. 검색 사이트에 '영남'과 '요직'을 넣고 검색하면 이와 관련된 기사가 굉장히 많이 뜬다. 예컨대 한 야당 의원은 "청와대 고위직, 영남 출신 25명 VS 호남 출신 1명, 영남 천하인가?"라고 지적한 바 있다.* 재계 또한 마찬가지다. 500대 기업 전문경영인 373명의 출신지를 조사한 결과 영남 출신은 140명에 달했다. 반면 호남은 34명에 그쳤다.** 법조계도 마찬가지다.

> 30일 데이터뉴스 인맥연구소 리더스네트워크가 학력 및 출신지역 조사가 가능한 법원·검찰 2급 이상 고위공직자 232명을 대상으로 분석한 결과, 영남 출신이 95명(40.9%)으로 지역 편중이 심한 것으로 집계됐다.***

일부에 불과한 영남이 대한민국 전체를 지배하는 현상. 전문가들은 이를 '영남 패권주의'라 부른다. 이 현상이 문제시되는 이유는 지나치게

---

* 이용호 "청와대 고위직, 영남 출신 25명 vs 호남 출신 1명 …… '영남천하'인가?", 〈팩트TV〉, 2016년 10월 17일.

** [500대 기업 CEO] 확 기울어진 영호남 출신 사장 '저울대', 〈CEO 스코어데일리〉, 2013년 7월 24일.

*** 법원·검찰 고위직, 영남 40% 서울대 법학 71% 장악, 〈데이터뉴스〉, 2016년 11월 30일.

편중된 인사가 그 자체로 우리 사회에 해악을 끼치기 때문이다. 첫째, '대통령 인사'에서 시범한 지역 편중이 일선 부처와 공공기관에 전염병처럼 파급된다. 기존에도 관료사회는 학연과 지연의 연고주의가 강력했다. 윗자리를 특정 지역 출신으로 채우면 아래로 내려갈수록 쏠림은 심해진다.* 둘째, 끼리끼리식 패거리 문화가 판치고 그 안에서 부패와 비리가 횡행한다.** 우리나라가 그동안 유난히 부패가 심했던 원인이 한 지역에만 편중된 인사 탓일 수도 있다는 말이다. 그렇다면 영남 패권주의에 대해 문제의식을 갖는 게 마땅하지만, 이를 지적하는 사람은 거의 없다. 심지어 네이버 지식백과에도 영남 패권주의라는 단어는 나오지 않는다. 보다 못한 서남대학교 김욱 교수가 《아주 낯선 상식》이란 책을 썼다.*** 영남 패권주의를 해부한 책에 이런 제목을 붙인 이유는 영남 패권주의가 상식임에도 정치인들이 이에 대한 언급을 꺼리기 때문이다. 왜 아무도 이야기하려 들지 않을까? 현재 여당은 영남 패권을 언급할 필요가 없었다. 그들 자체가 영남 패권에 기생하는 집단인데, 뭐하러 말하겠는가? 주요 야당도 마찬가지다. 그들의 주 근거지는 호남이지만, 선거에서 이기려면 영남의 표가 필요하다. 그래서 영남 유권자들의 심기를 건드리지 않는다.

실제로 이런 일을 한 대표적인 예가 바로 노무현 전 대통령이다. 대통

* [양권모칼럼] '본적'을 바꿔야 하나, 〈경향신문〉, 2013년 10월 31일.

** [사설] 권력기관의 도 넘은 영남편중 인사에 軍까지, 〈한국일보〉, 2015년 4월 8일.

*** 김욱, 《아주 낯선 상식》, 개마고원, 2015년.

령 시절 그는 민주당이 지역에만 매몰되어서는 안 된다고 주장하며 열린우리당을 창당했다. 영남에서도 표를 얻는 소위 전국 정당을 만들겠다는 취지였지만, 호남이 표를 던져 그를 대통령으로 만들어 줬다는 점에서 이 행보는 많은 호남 사람들을 당혹스럽게 했다. 게다가 노무현 전 대통령은 당시 한나라당에 투표하는 영남과 민주당에 투표하는 호남을 똑같이 취급하는 오류를 범했다. 1980년대 광주민주화운동 때 수많은 가족과 친지를 잃은 그들이 그 사건의 주범인 민정당의 뒤를 잇는 한나라당에 투표하기는 어렵지 않겠는가? 설령 호남의 민주당 지지가 지역주의라 하더라도, 영남 패권주의를 고수하고자 영남이 한나라당에 투표하는 것과 같을 수는 없지 않을까? 영남과 호남의 지역주의는 똑같이 나쁘다는 양비론으로는 영남 패권주의가 청산될 수 없다.

지역감정은 호남 차별이다

영남에 편중된 인사를 언급할 때 비교되는 지역이 바로 호남이다. 호남은 사실 영남 패권주의의 가장 큰 피해자다. 광주민주화운동을 보자. 쿠데타를 일으켜 권력을 손에 쥔 전두환은 권력을 공고히 하기 위해 누구든 자신에게 반항하면 어떻게 되는지 보여 주고 싶었다. 당시는 전국에서 시위가 벌어지고 있었는데, 전두환은 광주에 계엄군을 보내 시위를 폭력으로 진압했다. 이에 반발한 시민군이 계엄군에 맞섰지만 결국 진압됐다. 광주는 자신들이 군사정권의 폭압에 맞서 싸우면 다른 지역에서도 들고일어날 것이라 기대했지만, 그런 일은 벌어지지 않았다. 계엄군에게 통제된 언론 탓도 있을 테고, 실상을 알았다 해도 발포까지 하는 계엄군에게 맞서는 일이 쉽지는 않았을 것이다. 이로 인해 사망한 이들이 몇 명인지는 아직도 논란이 있지만, 발표된 사망자만도 191명이다. 촛불집회 때 봤던 것처럼 우리나라 군경이 숫자에 굉장히 약하다는 점에서, 191명의 몇 배는 될 것으로 추측된다.

이것만으로도 억울할 텐데 광주민주화운동은 북한이 사주한 사건으로 선전되기까지 했다. 소위 북한군 개입설로, 군사정권이 당시 여론을 조작하기 위해 북한을 갖다붙인 것에 불과하지만, 오늘날 어떤 인터넷 커뮤니티에서는 이게 마치 사실인 양 도배되고 있다. 국방부가 사실이 아니라고 확인해 줬음에도* 북한군 개입설은 사그라들지 않는다. '광주민주화운동'이라는 정부에서 정한 공식 명칭이 있음에도 불구하고 한결같이 '폭동'이라고 부르는 것도 이상한 일이다. 만일 사람들이 박정희 정권의 몰락을 가져온 부마항쟁을 '부마폭동'이라 부르며 북한군의 사주로 일어났다고 하면 기분이 어떨까? 비뚤어진 애향심이나, 역사나 문화를 이유로 지역과 지역 사이에 경쟁구도가 생기면서 만들어지는 적대적 감정을 지역감정이라 한다. 하지만 우리나라의 지역감정은 사실 호남에 대한 지역차별이다.

* 국방부, 5·18 북한군 개입은 허위사실 '재확인', 〈노컷뉴스〉, 2013년 5월 30일.

혹자는 강원도에 번듯한 영화관도 몇 개 없다며 "호남이 차별받는 게 무엇이냐?"라고 할지 모르겠다. 하지만 호남에 대한 차별은 차원이 다르다. 호남을 비하하는 말 중 '홍어'라는 단어가 있다. 홍어가 호남의 특산물이라서 사용된다고 알고 있지만, 그보다는 광주민주화운동 당시 희생된 사람들의 시취(屍臭)가 홍어와 비슷하다며 그 표현을 쓰기 시작했다는 설이 유력하다. 그렇게 본다면 전라도 사람을 홍어라고 부르는 것은 인간의 도리가 아니건만 웬걸, '홍어'는 누군가를 혐오함으로써 스트레스를 풀려는 젊은이들에게 자주 이용되고 있다. "전라도 애는 뒤통수를 잘 친다", "왕건의 《훈요십조》를 보면 전라도에서는 인재를 등용하지 말라고 했다" 등등 전라도에 대한 근거 없는 험담은 한두 가지가 아니다. 친하게 지내던 지인은 갑자기 이런 말을 해서 나를 놀라게 했다.

"전라도 사람은 좀 그렇지 않나요?"

여기서 '그렇지'는 '멋있지'가 아니라 '이상하지' 않느냐는 뜻인데, 그는 내가 전라도 출신임을 밝히자 "형한테 한 얘기는 아니고요" 하며 매우 당황했다.

대학 3학년 때 사귀던 여자친구는 집이 부산이었는데, 갑자기 내 출신지를 물었다. 자기 언니가 "걔 혹시 전라도 애 아니야?"라고 묻기에 아닐 것이라 답했지만 혹시나 해서 확인한다는 말이었다. 내가 전라도 출신이라고 하자 그녀는 화들짝 놀라며 이렇게 말했다.

"어머, 너 빨갱이네? 너랑은 더 못 사귀겠다."

이런 일들을 부지기수로 겪다 보니 내가 왜 전라도에서 태어났는지

원망하게 됐다. 내가 전라도에서 태어나게 된 것도 사실 아버지 때문이다. 검사였던 아버지가 광주로 발령이 나서 근무하던 중 내가 태어났으니까. 아버지는 내가 세 살 때 속초로 가셨다가 다섯 살 무렵에는 서울로 오셨으니, 조금만 늦게 태어났으면 좋을 뻔했다. 물론 대구에서 태어났다면 더 좋았을 것이다. 박근혜 전 대통령을 비판하는 칼럼을 써도 전라도 출신이 쓰면 "전라도니까"라고 폄하하지만, 대구 출신이 쓰면 "오, 지역감정에 대해 자기성찰을 할 수 있다니 멋지군!"이란 반응이 나올 것 아닌가. 가끔 나는 유창한 경상도 사투리로 떠드는 사람들을 보면 부럽다는 생각이 든다. 사투리를 숨기기 위해 어색해도 서울말을 익히려 노력하는 다른 지역 사람들과 달리, 자신의 출신지를 남이 알아도 된다는 그 당당함이 얼마나 멋진가. 사투리는 변방의 상징이라는데, 경상도 사람들은 타지에서도 굳이 자신의 사투리를 숨기지 않는 모습을 보면, 사실 우리나라의 중심은 서울이 아니라 영남이 아닌가 싶기도 하다. 반면 나는 출신지를 되도록 말하지 않으려 한다. 굳이 물으면 답을 하지만, 그때마다 이런 단서를 붙인다. "아버지가 공무원이셔서, 광주 발령 중에 제가 태어났어요." 나뿐 아니라 많은 전라도 사람들이 이렇게 한다. 강원도나 충청도가 전라도보다 더 낙후됐을 수는 있지만, 그래도 그들은 자기 고향을 떳떳이 말할 수 있지 않은가?

호남의 딜레마

"억울하면 전라도 출신 대통령 만들면 되잖아."

영남 편중 인사를 지적하자 이렇게 말하는 이가 있었다. 하지만 이는 불가능하다. 호남의 유권자 수는 2016년 총선을 기준으로 할 때 424만 명에 불과하다. 영남 유권자 1,088만 명과 비교하면 절반도 안 된다. 게다가 충청과 대전의 유권자가 435만 명으로 호남보다 더 많으니, 호남이 몰표를 던져도 대통령을 만들 수 없다.* 그래서 다음과 같은 일이 벌어진다.

❶ 보수진영은 당연히 영남 출신을 후보로 낸다.

❷ 진보진영은 호남 후보를 냈다간 영남에서 표를 못 받을 테니 영남 후보를 낸다.

❸ 대선은 영남 후보들의 각축장이 된다.

2007년 전북 출신이 대선후보로 나온 적이 있지만, 그때 이명박 후보와의 표차는 어마어마했다. 사정이 이러니 앞으로 호남 출신 대통령이 나올 확률은 거의 없어 보인다. 돌이켜 보건대 김대중 전 대통령이 정계 은퇴를 번복하고 다시 대선에 나선 것이 호남 입장에서는 다행이었

* 20대 총선 지역별 유권자수, 인구수(blog.naver.com/lovepogu/220722213145).

다. 그가 아니었다면 호남은 단 한 명의 대통령도 배출하지 못할 뻔했으니까.

그러나 달리 생각하면, 나름의 아쉬움은 있지만 그래도 헌정 사상 가장 괜찮았던 김대중, 노무현 두 전 대통령은 호남의 지지가 없었다면 당선되지 못했다. 그럼에도 불구하고 호남은 오랫동안 차별받아 온 것이다.

한 가지만 더 말하고 싶다. 인터넷 공간에서 호남 차별은 하나의 즐거운 놀이가 됐다. 일베는 전라도 혐오를 전 국민 스포츠로 승화시켰는데, 이들의 활약 덕분에 네이버 등 포털 사이트에서 전라도에 대한 혐오 발언이 차고 넘친다. 혐오 발언은 그 자체로 범죄다. 자신이 욕먹는 게 아니니 재밌을 수는 있지만, 그로 인해 상처받을 수백만 전라도 사람들의 심경을 헤아려서 '공감' 버튼은 누르지 마시길 부탁드린다. 전라도 혐오 발언은 대부분 많은 공감을 얻어 베스트 댓글이 되고, 그 경우 더 많은 이들이 보게 되니 말이다.

3부

혐오에 맞서는 1cm 정치 생각

언제까지 진보정당을 외면할 것인가

진보가 필요한 이유

서민을 배반하는 정당정치

우리는 보통 민주주의는 국민에 의한 통치라고 이해한다. 과거의 신분제 사회와 다르게 현대 민주주의에서는 남녀노소 가릴 것 없이 모두가 정치에 참여할 수 있고 자신만의 목소리를 낼 수 있다고 한다. 이것은 민주주의의 원칙이기도 하여 이해하는 데 큰 어려움이 없지만, 조금만 더 깊이 생각해 본다면 '모두의 정치 참여'가 과연 가능한 일인지 반문하게 될 것이다. 모두가 모이려면 시간적 · 공간적 · 물질적 비용이 엄청나게 들어가기 때문이다. 그래서 정당이 필요하다. 정당에게 권력을 이

임한 뒤 그 정당으로 하여금 자신이 바라는 바를 대신 구현해 달라고 요구하면 되니까. 이를 위해서는 두 가지가 전제돼야 한다. 첫째, 각 정당들이 표방하는 지향이 뚜렷해야 한다. 둘째, 사람들이 자신이 지향하는 가치를 표방하는 정당에게 투표해야 한다.

언뜻 보기엔 정당정치가 그리 어려운 일처럼 느껴지지 않는다. 반려견의 권리를 신장시키려는 정당이 있다고 치자. 자신이 반려견을 키우고 있다면 그 정당에 투표하면 된다. 팍팍한 서민의 삶을 위해 청년 일자리를 늘리고, 사회적 약자들의 복지 제도를 만들어 가겠다는 정당이 있다 치자. 자신이 서민이라 생각하는 사람들은 그 정당에 투표하면 된다. 그런데 그리 어렵지도 않은 이 일이 한국에서는 잘 일어나지 않는다. 우리나라 정당들은 표방하는 지향이나 가치가 실상과 다르기 때문이다.

보수를 자임하는 여당은 재벌을 옹호한다. 보수진영 출신인 이명박, 박근혜 전 대통령은 재임 기간 내내 법인세를 낮은 상태로 유지했고 이 혜택은 원래 세금을 많이 내던 재벌들에게로 돌아갔다. 재벌 옹호 자체가 나쁜 것은 아니다. 한국 경제에서 재벌이 차지하는 비중을 생각한다면, 재벌의 활약을 뒷받침하는 정당은 오히려 필요할 것이다. 그런데 보수정당은 재벌을 옹호하면서도 '서민'과 '복지'를 주된 가치라고 표방한다. 재벌이 이득을 볼수록 서민은 가난해지는 우리의 현실을 보면, 도대체 이 당의 정체는 무엇인지 궁금해진다. 2012년 대선 때 박근혜 후보는 내가 아는 그 사람이 맞는지 의심스러울 정도로 복지 이야기를 많이 했다. 실제로 박근혜 후보에게 표를 던진 사람들 중에는 노인들에게 월 20만 원을 지급한다는 정책을 높게 평가한 사람들이 많다. 선거 때만 서민을 찾는 보수정당은 자신들이 '재벌 옹호당'이라 불릴 때마다 예민하게 반응하면서 절대 그렇지 않다고 우긴다.

다음으로 중도정당들을 보자. 이 정당들의 강령을 보면 '복지'뿐만 아니라 '노동', '사회적 약자'까지 다루고 있는데, 이를 보면 보수진영보다 훨씬 열려 있음을 알 수 있다. 중도진영이 표방하는 이런 가치는 실제 국가 정책으로도 표현되었다. 노무현 정부 당시 복지 예산의 비중이 2002년 19.9%에서 2006년 27.9%로 커졌고, 보육과 의료, 노인과 장애인 복지에서 큰 진전이 있었다는 평가를 받는다. 하지만 실질적인 성과를 거뒀는지에 대해선 아쉬운 점이 있다. 소득의 불평등 여부를 나타내는 지표로 지니계수가 있다. 이것이 클수록 소득분배가 불평등하다는 뜻인데, 시장 소득을 기준으로 한 지니계수는 2003년 0.336에서 2006년 0.344로 오히려 상승했다. 또한 절대 빈곤율도 늘어났다. 이는 당시 집권에 기여한 사람들을 실망시켰고, 다음 대선 때 정권을 빼앗기는 이유가 됐다.

정당정치에 무관심한 국민들

그럼 다시 질문의 화살을 돌려 국민들 역시 정당정치를 할 준비가 되어 있는지 물어야 할 것이다. 어떻게 보면 이 조건만 충족한다면 정당의 태도가 미흡해도 큰 상관이 없다. 국민이 정당을 견인해 자신들이 원하는 정당으로 바꿔 놓을 수 있을 테니 말이다. 하지만 안타깝게도 우리나라 사람들은 정당에 대한 애정이 그리 크지 않다. 주변에서 특정 정당을 지지한다고 얘기하는 사람을 본 적이 있는가? 대통령 후보로 거론되는 인물을 좋아하는 경우는 흔하지만, 인물에 대한 호감이 정당으로 연결되는 일은 드물다. 나 역시 다르지 않다. 그간의 투표 성향을 보면 진보에 가깝지만, 실제 내가 특정 진보정당을 지지한다고 말한 적은 없다. 이는 보수진영 지지자도 다를 바 없어서, 보수정당이 잘해서 표를 던진다는 사람은 아직까지 본 적이 없다. 다들 최선이 아니라 차악을 선택하는 마음으로 투표한다고 말한다. 진보진영이나 보수진영이나 '상대 당이 잘되면 안 되니까'라는 마음에서 투표하는 것이다. 그러니 투표 결과가 나오더라도 무슨 애정이 있겠는가?

따라서 지지 정당이 없다는 소위 무당파가 언제나 대다수를 차지한다. 2015년 11월 16일 〈아주경제〉가 창간 8주년을 맞아 시행한 여론조사에서 가장 많은 지지를 얻은 당은 35.0%였는데, 놀라운 점은 지지하는 정당이 없다고 응답한 비율이 무려 41.4%였다는 사실이다.* 사정이 이러니 정당에 가입해서 당비를 내는 일은 기대하기 어렵다. 당원으로 가입해야 당의 의사 결정에도 참여할 수 있고 당의 재정이 튼튼해져야 불의와 타협하지 않을 수 있기에 전 국민이 정당원이 된다면 바람직한 일이지만, 정치가 싫고 지지하는 정당도 없다 보니 선진 정치로 나아가

* [창간 8주년 여론조사] 국민 85.8% "19대 국회 부정평가" 사실상 낙제점 …… 총선 물갈이 불가피, 〈아주경제〉, 2015년 11월 16일.

는 길이 요원하다.

정당이 제 할 일을 하지 않고, 또 국민들도 정당정치에 무관심한 현상, 2016년 말을 뜨겁게 불태웠던 촛불집회는 바로 거기서 나온 결과물이다. 워낙 어처구니없는 일이 벌어진 탓에, 그리고 그럼에도 불구하고 버티는 대통령 탓에 국민들은 거리로 나올 수밖에 없었다. 모두가 합의한 대의제가 제대로 기능하지 않기에, 국민 각자가 주권을 행사하는 한 사람으로서 촛불을 들고 거리에 나온 것이다. 우리는 촛불집회를 자랑스럽게 생각하지만, 역으로 생각해 보면 촛불로 상징되는 거리의 정치는 우리나라에서 정당정치가 제대로 작동하지 않고, 아직도 갈 길이 멀다는 사실을 보여 주는 증거이기도 하다.

해답은 진보정당

우리가 평소 관심을 갖지 않아서 그렇지, 지향하는 가치도 분명하고 지지자들도 선명하게 지지를 보내는 정당이 우리나라에도 있다. 바로 진보정당이다. 다른 정당들이 지향점이 무엇인지 왔다 갔다 하는 반면 이들은 탄생할 때부터 자신이 추구하는 바가 무엇인지 제대로 밝혔다. 노동자와 서민들이 좀 더 나은 삶을 사는 것이다. 북한의 노동당 때문에 '노동'이라는 단어에 대한 인식이 안 좋아서 그렇지, 월급을 받고 일하는 이는 모두 노동자다. 서민은? 말 그대로 못사는 사람이다. 우리나라에서 서민의 비율은 어떻게 될까? 2015년 상반기 통계청이 발표한 자료에 따르면 월평균 임금 '100만 원 미만'은 11.9%(임금근로자 1,908만 명 중 227만 명), '100만~200만 원'은 36.4%(693만 명)로 조사됐다. 즉 근로자의 절반 정도가 월급을 200만 원도 못 받는다는 얘기다. 지금 세상에서 자기 급여가 월 200만 원이 안 된다면 '서민'이라고 할 수 있지 않을까? 그런데 이 서민을 옹호하는 정당이 바로 이들이니, 부자나 가난한 사람이나 똑같이 한 표를 행사하는 민주주의 사회에서 매우 유리한 고지를 차지하는 셈이다.

또한 진보정당의 지지자들은 자부심도 무척 강하다. 다른 정당을 선호하는 사람들이 지지하는 정당을 제대로 밝히지 못하는 데 반해, 이들은 그 당의 지지자임을 스스럼없이 밝힌다. 파리에서 활동하며 글을 쓰는 저술가 목수정, 유명 영화감독인 박찬욱과 봉준호 등이 대표적이다. 진보정당의 지지자들은 아예 그 당에 가입하고 당비를 낸다! 당비를 내는 소위 진성당원의 비율이 무려 81.6%다.* 규모에서 1, 2위를 다투는 여야의 거대 당들에서 진성당원의 비율이 많아야 10% 안팎인 것과는 대조적이다. 가치 지향이 분명하고 당원도 자부심을 느끼는 정당이니 밝은 전망을 갖는 게 당연하다.

현재 진보정당의 명맥을 이어 가는 정당 중 하나를 보자. 통합진보당에서 발생한 부정경선을 이유로 탈당한 사람들이 뜻을 모아 함께 만든

* 진성당원, 진보신당 81.6% 1위, 〈레디앙〉, 2010년 4월 23일.

당으로, 6명의 국회의원이 활약하고 있다. 간판스타라 할 N 의원이 있고, 그 뒤를 잇는 S 의원, 그리고 군사 전문가인 K 의원이 있다. 여기에 국정농단 청문회에서 맹활약한 Y 의원까지 있으니, 의원들의 인지도는 비교적 높은 편이다(대변인인 C 의원도 있다). 그중 S 의원은 2017년 대선 출마를 선언, 가장 먼저 그 당의 대선후보가 됐다.

다른 당 후보들과 달리 S 후보의 공약은 서민들의 삶과 밀착돼 있다. 가장 눈에 띄는 것은 시간제노동자 최저임금제다. 현재 시간제노동자의 경우 정규직과 같은 일을 함에도 불구하고 그들의 절반에도 못 미치는 시급을 견뎌야 한다. 이는 우리 사회 구성원들에게 비정규직으로는 절대 행복해질 수 없다는 고정관념을 불어넣는다. 만약 정규직이 하루 8시간 일하고 12만 원을 받는데 비정규직이 4시간에 6만 원을 받는다면 어떨까? 주어진 여건에 따라 비정규직을 선택하는 사람도 늘어나지 않을까? 그럼에도 이에 대해 관심을 갖는 사람은 그리 많지 않다. 시간당 최저임금 1만 원 공약은 여러 후보가 내걸고 있지만, 시간제노동자 최저임금제를 말하는 이는 S 후보가 유일하다.* 이는 비정규직에 대해 관심을 가지고 이들의 처우를 고민해 본 사람만이 내놓을 수 있는 공약이기 때문이다.

매년 납부되는 상속세를 20세가 되는 흙수저 청년들에게 지급하자는 의견도 참신하다. S 후보에 따르면 "2017년 정부의 상속·증여세 세입

* 살찐 고양이법·공정임금제·징벌적 배상제 …… '최저임금 인상' 대선주자들 입장은?, 〈경향신문〉, 2017년 3월 28일.

예산은 5조 4천억 원에 달하고, 이 재원이면 20세가 되는 청년에게 1인당 1천만 원 상당의 사회 상속이 가능하다"라고 한다.* 물론 이 돈이 생산적으로 사용되도록 관리하는 방안이 필요하겠지만, 1인당 천만 원이라는 금액은 새 출발을 앞둔 흙수저 청년들에게 큰 격려가 될 수 있다. S 후보가 공약한 슈퍼우먼 방지법은 엄마와 아빠 모두 육아휴직을 쓸 수 있게 하고, 이를 실천하는 기업을 국가가 지원하는 방식으로, 효과나 실현 가능성 면에서 다른 후보의 여성 관련 공약들보다 훨씬 뛰어나다.**

이렇듯 국민이 진정으로 원하는 정책을 공약으로 내걸고 있음에도 진보정당의 집권 가능성은 매우 낮다. 대선이 코앞인 현재 S 후보의 지지율은 아직도 현저히 낮은 상태다. 국민의 대부분이 그리 넉넉지 않은 삶을 영위하는 계층이라는 점에서 낮은 지지율은 이율배반적이다. 이명박·박근혜 정부는 물론이고 노무현 정부에서조차 서민들의 삶은 그다지 나아지지 않았건만, 사람들은 학습효과가 없는 것일까? 물론 S 후보가 당선된다 해도 5석—대통령은 의원직을 사퇴한다—에 불과한 국회의원으로 국정을 운영하는 일은 쉽지 않다. 하지만 서민들의 삶을 누구보다 잘 알고, 또 그들의 편에 서고자 하는 이가 대통령이 된다면, 한번 희망을 걸어 볼 수도 있지 않을까. 진보정당에 투표하면 사표가 될까 봐 '비판적 지지'를 선택하는데, 이해는 가지만 꼭 그렇게만 볼 일은 아니다. 예컨대 지지율이 20% 정도만 돼도 다른 후보들이 진보정당 후보를

* 상속세 재분배해 흙수저 청년에 1천만 원 사회상속, 〈KBS 뉴스〉, 2017년 3월 24일.

** "정권교체 문제 없어, 민주당 대 정의당 구도 만들겠다", 〈미디어오늘〉, 2017년 2월 18일.

무시하지 못할 테고, 진보정당 후보가 낙선하더라도 지지율이 높으면 신임 대통령이 국정을 운영할 때도 진보정당의 협조를 구해야 한다. 그 과정에서 진보정당의 정책이 자연스럽게 국정에 반영될 수 있지 않을까? 진보정당이 푸대접받는 나라에서는 서민들이 제대로 된 대접을 받을 수 없다는 점을 상기할 때, 진보정당에 대한 인식을 바꿀 필요가 있다. 서민들은 도대체 언제까지 진보정당을 외면할 것인가?

300과 360의 차이

대의제의 적정 대표 수

도덕 불감증에 걸린 국회의원

내가 아내와 결혼한 2008년은 제18대 총선이 열린 해이기도 했다. 당시 당산동에 신혼집을 꾸렸는데, 선거구로 따지면 영등포갑이었다. 내가 사는 동네에 누가 출마했는지 보니 놀랍게도 전여옥 전 의원이 후보로 있었다. 박근혜 전 대통령에게 대통령 자질이 없음을 예언한 덕분에 지금은 노스트라다무스급 대우를 받고 있지만, 그때만 해도 전여옥 전 의원의 이미지는 좋지 않았다. 특히 노무현 전 대통령에 대해 사적인 증오감을 가진 게 아닐까 싶을 만큼 독설을 퍼부었는데, 그가 고졸이라 싫다면서 "다음 대통령은 대학 나온 사람이 돼야 한다"라고 했던 발언은 사회적으로 논란을 불러일으키기도 했다. 그렇다고 자신이 깨끗한 삶을 살았냐 하면 그것도 아니었다. 그의 가장 큰 정치적 자산은《일본은 없다》라는 베스트셀러로 인지도를 올렸다는 점인데, 알고 보니 그 책은 재일 르포 작가 유재순 씨가 쓴 원고를 표절한 것이었다. 범죄자가 늘 그렇듯 전여옥 전 의원도 표절 사실을 부인했고, 그는 오히려 그 사실을 보도한 〈오마이뉴스〉를 명예훼손으로 고소했지만, 재판부는 판결로 그의 표절을 확정 지었다. 막말 논란에 표절까지 했으니 다들 그를 찍지 않을 것으로 생각했지만, 놀랍게도 전여옥 후보는 아주 여유 있게 당선됐다. 상대 후보가 부족했던 것일까? 선거에 나온 김영주 후보는 전국금융노련에서 최초의 여성 부위원장을 할 만큼 노동 운동을 열심히 한데다 17대 국회의원이기도 했다.

그런데 왜 그가 당선된 것일까? 도대체 누가 그를 뽑았을까? 당산동 길거리를 걸을 때마다 나는 이런 의문에 휩싸였다. 같은 아파트 주민은 물론이고 지역 주민들을 바라볼 때 내 시선은 결코 곱지 않았다. 원래 내가 살던 곳이 정청래 전 의원을 비롯해 야당 인사를 많이 배출한 곳이라 더 그랬을 것이다. 그렇게 3년여가 흘렀고, 또다시 국회의원 선거가 다가왔다. 이번에도 전여옥 후보와 김영주 후보가 붙을 테고, 또 전여옥이 될 것 같아서 암담했다. 전여옥은 정치인들이 으레 선거 때 내는 자서전을 통해 자신의 업적을 자랑했는데, 그중 하나가 문래동 '현대홈타운'이라는 아파트 이름을 '문래힐스테이트'로 바꿨다는 것이다.

이를 위해 그는 현대건설 사장에게 끈질기게 부탁했다는데, 진실이 세상에 알려진 이유는 해당 아파트 주민들이 '그 일은 김영주가 했는데, 왜 당신이 가로채느냐?'며 전여옥 전 의원을 고소했기 때문이다. 사람은 참 한결같구나 하며 나는 씁쓸히 웃었다. 2011년이 가기 하루 전, 우리 가족은 내 직장이 있는 천안으로 이사를 갔다. 선거 때문만은 아니었지만, 그의 지역구를 벗어나는 일은 즐거웠다. 그런데 돌이켜 보면 꼭 그럴 필요는 없었다. 친박에서 친이로 전향해 박근혜 전 대통령의 미움을 산 전여옥 전 의원은 공천에서 탈락했고, 결국 민주당 김영주 후보가 국회의원에 당선되면서, 그는 세간의 관심에서 사라졌다. 그 뒤 어쩌다 당산동에 갈 때가 있었는데, 더 이상 그곳 주민들이 이상해 보이지는 않았다.

물론 내가 좀 예민할 뿐, 주민들을 해당 지역 국회의원과 연결해 째려보는 사람은 거의 없을 것이다. 하지만 의원 한 명이 물의를 빚을 때마다 해당 지역구를 비난하는 정서는 여전히 남아 있다. 2006년 한 국회의원이 기자들과 술을 마시다 여기자의 가슴을 만졌다. 화가 난 기자가 그를 고소했을 때 그가 변명이랍시고 했던 말이 화제가 됐다. "식당 주인인 줄 알았다." 그 말대로라면 평소 식당 주인을 수시로 성추행했다는 것인데, 이런 사람이 국민의 대표인 국회의원이라니 문제가 있지 않은가! 자연스럽게 그를 뽑은 지역구가 도마 위에 올랐다. 놀라운 일은 그 다음에 벌어진다. 빗발치는 비난에 소속 정당을 탈당한 그는 그다음 선거에 무소속으로 출마했다. 출마 자체도 그의 뻔뻔함을 잘 드러내지만,

더 기절할 만한 일은 그가 당선됐다는 점이다. 지역 발전을 기대하고 찍은 것이겠지만, 그 지역구는 다음과 같은 비난을 피할 수 없게 됐다. "바야흐로 저 지역은 성폭력 자유특구가 되는 것인가?"*

그로부터 10년 후 2016년에는 보수정당의 후보를 국회의원으로 당선시킨 호남의 한 도시가 각광을 받았다. 그 후보는 지역감정을 극복한다는 명분으로 연거푸 낙선하면서도 도전을 멈추지 않았고, 호남 유권자들도 마침내 그 노력에 감동해 그를 국회로 보냈다. 하지만 그는 거의 내시처럼 박근혜 전 대통령을 옹호해 유권자들에게 처절한 배신감을 안겨 줬다. 거짓말로 점철된 박근혜 전 대통령의 담화문을 듣고 울기까지 했다니, 내시라는 표현이 결코 심한 게 아니다. 시민들은 뒤늦게 규탄시위를 벌였지만, 지역구의 대외 이미지는 이미 폭락한 후였다. 그 밖에도 "촛불은 바람 불면 꺼지는 법"이라며 촛불시위를 비하한 국회의원이 지역구를 욕보이고 있고, 청문회에서 재벌을 비호한 데다 위증교사 혐의까지 받았던 같은 당 의원도 자신의 지역구가 어떤 곳인지 국민들에게 각인시켰다.

결국 정치 혐오의 원천으로

앞서 언급한 이들이 좀 심해서 그렇지, 국회의원들 중 이런저런 혐의로

* '성추행' 사건 최연희는 동해·삼척의 힘?, 〈오마이뉴스〉, 2008년 1월 25일.

물의를 빚은 의원은 한둘이 아니다. 덕분에 국회의원이 잘못한 일에 대한 보도도 차고 넘친다. 자기 아들을 좋은 곳에 취업시켜 달라고 청탁한 이도 있고, 자기 친인척을 보좌관으로 기용하기도 한다. 기업이나 개인으로부터 부정한 돈을 받은 사례는 너무 많아서, 비리가 국회의원의 본업인가 착각할 정도다. 그렇다고 이들이 순순히 죄를 인정한 적은 거의 없다. SBS 〈그것이 알고 싶다〉에 이름이 거론된 박상은 전 의원의 경우를 보자. 수행 비서가 박 전 의원이 뇌물로 받은 3천만 원이 든 가방을 검찰에 제출하면서 그의 마각이 드러났다. 수행 비서에 따르면 비슷한 일이 수차례 있었다는데, 결국 박 전 의원은 현금수수가 인정돼 의원직을 상실한다. 이 사례는 우리에게 다음과 같은 사실을 말해 준다.

❶ 국회의원이 되면 뒷돈을 많이 받을 수 있다. 박상은 전 의원이 5년간 받은 돈은 총 12억이고, 그는 그중 6억 원을 현금화해 숨겨 뒀다.

❷ 국회의원에 대한 판결은 솜방망이다. 받은 돈이 그렇게 많음에도 불구하고 추징금은 약 8천만 원에 불과했고, 징역형 대신 집행유예를 받았다. 일반인이라면 이런 판결을 받지 못할 것이다.

❸ 국회의원은 범죄 후에도 당당할 수 있다. 사건이 불거진 직후에도 그랬지만, 박상은 전 의원은 여전히 자신의 죄를 인정하지 않는다. 요즘도 그는 청와대와 검찰이 증거를 조작했다고 말하며, 자

신이 세월호 참사의 희생양이라는 괴이쩍은 주장도 한다.* 일반인 같으면 검찰 모욕으로 잡혀 들어가지 않을까 싶다.

이 외에도 국회의원은 현행범이 아닌 한, 회기 중 체포되지 않을 수 있어서, 회기가 끝났는데도 임시 국회를 열어 동료 의원을 보호하는 소위 '방탄 국회'가 논란이 되기도 했다. 여기서 이런 질문을 던져 보자. 국회의원들은 일반인의 기준으로 봤을 때 훨씬 더 낮은 도덕적 기준을 갖고 있는 것일까? 대부분 그렇다고 할 것이다. 정치인은 비리에 둔감한 DNA를 가지고 있다고 주장하는 사람도 여럿 봤다.

국회의원 숫자를 줄이자?

사정이 이렇다 보니 국회의원 숫자를 줄이자는 주장이 심심치 않게 나온다. 하는 일도 없으면서 막강한 권한으로 비리만 저지르니, 숫자를 줄이면 피해가 덜하지 않겠냐는 주장이다. 국회의원이 받는 특혜를 보면 이 주장에 동의할 수도 있겠다. 1인당 받는 세비가 연간 1억 4천만여 원에, 그를 보좌하는 직원의 인건비는 4억 5천만여 원이다. 여기에 사무실 운영비와 입법 활동 지원비가 1억 원이므로 모두 합치면 국회의원 한 명

* 박상은 전 의원 "나는 세월호 희생양 …… 청와대·검찰이 사건 조작", 〈뉴스1〉, 2016년 12월 15일.

에게 연간 7억 원의 돈이 들어간다. 국회의원 수가 300명이니까 이 돈만 해도 2,100억 원, 결코 적은 돈은 아니다.

하지만 이 비용에 비해 더 많은 긍정적 효과를 창출해 낸다면 그 돈이 아깝지 않을 수 있다. 그래서 국회의원이 받는 돈에 비해 일을 얼마나 하는지 따져 볼 필요가 있다. 국회는 법을 만들고 행정부를 감시하는 곳이다. 그런 관점에서 국회의원의 주된 역할은 법안 발의와 국정감사라 할 수 있다. 먼저 법안 발의부터 살펴보자. 19대 국회(2012년 5월 30일~2016년 5월 29일)에서 발의된 법안은 총 15,429건, 1인당 46.5건이었다.* 1인당 한 달에 하나 정도를 발의했으니 생각보다 많다. 법안 하나를 만드는 데 상당한 노력이 필요하며, 법안 발의 이후에도 법안 통과를 위해 어느 정도의 후속 작업이 뒤따른다는 점을 감안하면 한 달에 하나씩 법안을 발의하는 것은 결코 쉬운 일이 아니다. 다음으로 행정부에 대한 감시를 잘하는지 살펴보자. 회기 때마다 국회의원들은 자신이 속한 상임위원회를 통해 정부가 일을 어떻게 하는지 감시한다. 이 감시 기능의 하이라이트가 바로 국정감사인데, 무려 100만 명에 달하는 공무원이 일하는 행정부를 300명에 불과한 국회의원들이 감독하고 조사하는 일은 결코 쉽지 않다. 행정부의 각 부처마다 나름의 준비를 하고 나오기 때문에 문제점을 찾아내려면 치밀한 준비와 전략이 필요하다.

2016년, 성남시청에 대한 국정감사의 한 장면을 보자. 당시 여당은 성

* [경실련] 19대 국회의원 법안 발의 및 가결 분석. 조사기간 2012년 5월 30일~2016년 3월 8일.

남시에서 시행한 청년배당을 문제 삼았다. 취업난에 허덕이는 청년들에게 분기당 25만 원, 연간 100만 원의 지역화폐(지역상품권)를 줌으로써 사기도 올리고 취업 역량도 강화한다는 이 정책은 상품권을 해당 지역에서만 사용할 수 있게 함으로써 청년들은 물론이고 지역 소상공인들의 호평을 받은 바 있다. 물론 보수적인 시각으로 보면 일을 안 하는 청년에게 돈을 주는 이 정책이 못마땅할 수도 있겠다. 특히 지방자치가 왜 필요하냐는 생각을 가진 한 국회의원은 성남시 예산을 깎겠다고 협박하기까지 했다.

의원 : (청년배당 같은 거 하지 말고) 머리를 좀 더 써서 고민하는 행정 서비스를 구현하는 것이 더 옳지 않겠습니까?

성남시 : 좋은 정책이 있으면 주십시오. 이것보다 더 나은 정책이 있으면 제가 하지요. 대한민국 정부에서 청년들을 위해 도대체 무엇을 했느냐는 거죠. 정부에서 하는 것처럼 강이나 파고 자원외교하고, 방위비리처럼 쓸데없는 데 돈 쓰고 하는 것보다…….

의원 : 그건 본질을 흐리는 답변이시고요.

성남시 : 그것보다는 이 아낀 돈을 세금 내는 국민들에게 되돌려 주는 게 잘하는 거라고 생각하거든요.

의원 : 그런데 현금으로 되돌려 주는 게 좋은 행정 서비스는 아니지 않습니까?

성남시에서는 다른 복지도 이미 하고 있고, 청년들에게 지역 상품권을 주는 것보다 더 좋은 방법이 있으면 얼마든지 하겠다고, 복지의 확장은 헌법에서 정한 국가의 의무이자 국민의 권리라고 답변했지만, 그 국회의원은 답변을 중단시키며 자기 질의 시간이 없어진다는 말만 했다. 상대방을 공격할 마음만 있었을 뿐, 준비는 없었던 것이다.

최순실 국정농단 청문회도 있다. 우병우 전 민정수석, 김기춘 전 비서실장을 비롯해서 거짓말의 방패를 두른 이들이 대거 증인으로 등장했기에 어느 때보다 더 확실한 증거와 수준 높은 전략이 필요했다. 물론 청문회가 밝힌 진실은 그리 많지 않았고, 청문회 무용론이 등장하기도 했다. 하지만 위증이나 불출석에 대한 처벌이 거의 없었기 때문이지, 의원들의 준비가 부족했기 때문은 아니었다. 청문회를 열심히 본 사람이라면 누가 거짓말을 하고 있는지 대번에 알아챘고, 상대를 궁지에 몰아넣는 의원들의 치밀한 논리에 감탄해 마지않았다. 야권 의원들의 활약도 뛰어났지만, 일부 여당 의원들도 빛이 났다. 그때 생각했다. 우리가 몰라서 그렇지, 여당에도 괜찮은 의원이 많이 있구나, 라고.

이처럼 법안 발의와 정부 감시 모두 결코 쉽지 않다. 그런데 국회의 기능은 그것이 전부가 아니다. 당연한 말이지만 국회의원은 자신의 지역구를 대표하며, 해당 지역의 발전을 위해 애써야 할 의무가 주어진다. 물론 이 과정에서 무리수가 나오기도 한다. 예컨대 이명박 정부 당시 포항에 3년간 1조 원가량의 예산이 투입되는 등 예산이 편중됐는데, 사람들은 이곳이 이명박 전 대통령의 형인 이상득 전 의원의 지역구라는 점에서 '형님 예산'으로 부르기도 했다. 이상득 전 의원이 과하긴 했지만, 국회의원이 자기 지역의 숙원 사업을 이루려고 노력하는 것은 지극히 자연스러운 일이다. 게다가 국회의원은 지역구에서 발생하는 민원도 챙겨야 한다.

국회의원이 국가적인 사안에 몰두하느라 지역구 일을 하나도 안 하면 어떻게 될까? 누가 그를 훌륭한 일꾼이라면서 다시 국회의원으로 뽑아주겠는가. 사람이란 멀리 있는 큰 문제보다는 당장 내 앞에 있는 사안을 더 중요하게 생각하는 경향이 있으므로 아무리 국가적인 사명감에 불타는 의원이라 할지라도 지역구를 등한시하긴 어렵다. 그런데 국회의원 숫자가 줄어들면 어떻게 될까? 국회의원 한 명이 담당하는 지역구가 더 넓어져야 한다! 이렇게 되면 의원들이 지역구 챙기기에 바빠 정부 감시는 뒷전으로 미뤄야 할지도 모른다.

게다가 국회의원은 여러 계층과 직종을 대표해야 한다. 대의제는 다양한 사람들의 대표로 구성되어야 제대로 기능할 수 있다. 세월호 참사를 겪은 유가족들은 진상규명을 바랐다. 하지만 정부는 세월호의 '세' 자도 꺼내지 못하도록 하는 등 시종 알레르기 반응을 보였다. 심지어 연설을 위해 국회에 가는 대통령에게 읍소하기까지 했지만, 잘 알려진 대로 대통령은 유가족 쪽을 아예 쳐다보지도 않았다. 하지만 이제 그들은 외롭지 않다. 참사 이후 자신들과 동고동락했던 박주민 변호사가 국회의원이 됐기 때문이다. 박주민 의원은 세월호의 진상이 제대로 규명되지 않는 것을 보면서 변호사로서 한계를 느껴 국회의원이 됐다고 한다.

그런 그가 국회에 있다는 것이 유가족들에게 얼마나 큰 힘이 되겠는가?

우리 사회의 약자 중에는 장애인이 있다. 그들이 자신의 기본권을 행사하려면 국회에 장애인을 대변할 사람이 있어야 한다. 국내 등록 장애인이 5%라면, 국회의원 숫자가 300명이니 15명은 있어야 비율이 맞지만, 장애인 국회의원이 가장 많았던 때는 18대 국회의 8명에 불과하고, 심지어 20대 국회에는 단 한 명도 없다. 우리나라에서 장애인 차별이 심한 이유도 여기 있는 게 아닐까? 청년들은 또 어떤가. 유사 이래 청년들이 가장 어려운 시대라는데, 국회에는 청년을 대변할 의원이 거의 없다. 청년층의 삶이 점점 더 힘겨운 것도 이 때문이 아닌가 싶다. 국회의원을 통해서 권리를 주장해야 할 계층은 한둘이 아니다. 웃자고 하는 소리지만 기생충에 감염된 사람이 2012년 기준 130만 명인데, 안타깝게도 그들을 대표하는 이가 없다. 그런데 국회의원 정원이 줄어든다면 소외 계층을 대변하는 이들이 국회로 진입하기란 더 어려워지고, 그들의 의견을 대표할 통로가 사라질지도 모른다. 다양한 대표들이 국회에 진출하는 길을 열지 않으면서 국회의원의 수만 줄인다면 그만큼 정의로부터 멀어진다는 뜻이 된다.

적정한 국회의원 수는?

그러니까 국회의원 숫자를 줄이자는 얘기는 정치 불신의 증거일 뿐, 현실에 기반한 냉철한 주장은 아니다. 2012년 10월 한 정치인이 국회의원 숫자를 줄이자는 이야기를 꺼냈다.

"국회의원 숫자를 100명 줄이면 1년에 500~1,000억 원 정도가 절약된다. 그 돈이면 청년 실업에 쓸 수 있고, 민생에 필요한 정책을 내놓을 수 있을 것이다."*

정치를 잘 모르는 평범한 사람이라면 모를까, 18대 대선후보로 물망에 올랐던 이가 하는 말이기에 더 난감하다. 이런 발언은 당장 인기를 얻는 데는 도움이 돼도 현실성이 없기 때문이다. 이보다는 청년 실업을 위해 어떤 정책이 필요하고 이를 위해 예산이 얼마나 필요한지 이야기하는 게 낫지 않을까? 4년이 지난 후 그는 이게 다 오해라고 얘기한다.

"100명으로 줄이자고 제가 주장한 적 없다. 정치권이 모범을 보이고 고통 분담을 해야 국민으로부터 협조, 이해를 구할 수 있다는 차원에서 상징적이라도 그런 모습을 보여야 한다고 말한 것이다."**

정치에 신물이 나서 아직도 국회의원의 수가 더 줄어야 한다고 생각하는 사람들이 있는 것 같아 몇 마디 더 보태 본다. 현재 우리나라 국회

* 의원 100명 줄이자, 〈한국경제〉, 2012년 10월 23일.
** 양당 공포감으로 정치권 시나리오 난무 …… 관심 없다, 〈뉴스1〉, 2016년 9월 28일.

의원 300명 중에는 특정 권력자를 보호하고, '방탄 국회'를 만드는 이들이 있고, 그들이 우리의 정치 혐오와 불신을 부추기는 것은 사실이다. 하지만 만약 국회의원의 숫자가 100명으로 줄어들면 어떨까? 먼저 지역구를 생각해 보자. 국회의원 한 사람이 감당해야 하는 지역구의 수는 얼마나 늘어날 것이며, 또 그들의 이해관계를 모두 국회에서 반영할 수 있을까? 처리해야 할 법안들은 놓치지 않고 다 챙길 수 있을까? 우리 같은 평범한 사람들은 국회의원을 만나는 것조차 힘들어질지 모르겠다. 이럴 때 다른 나라와의 비교가 필요하다. 명지대학교 김도종 교수와 당시 국민대학교 정치대학원 김형준 교수에 따르면 OECD 회원국들과 비교했을 때 우리나라에 필요한 국회의원 적정 수는 330~360명 선이란다.

> OECD 26개 회원국의 국회의원 수를 인구, 국내 총생산, 정부 예산, 공무원 수 등을 기준으로 비교할 때 한국의 적정 의원 수는 인구 기준 572명, GDP 기준 364명, 정부 예산 기준 323명, 공무원 수 기준 241명으로 산출됐으며 이 4가지 기준을 종합 고려한 적정 수는 375명이라고 주장했다.*

같은 맥락으로 진보정당의 한 국회의원이 비슷한 주장을 했다. 현행 300명을 360명으로 늘리자는, 다소 파격적인 주장이다. 물론 그 의원은

* "국회의원 적정 수 330~360명", 〈매일경제〉, 2003년 6월 24일.

이에 따른 비용 증가를 의식해 다음과 같이 덧붙였다.

> 우리나라 의원 정수는 OECD 평균을 밑도는 수준이라는 점에서 확대가 불가피하다. 의원 정수를 지역구 240명, 비례대표 120명으로 변경해야 한다. 의원 세비 등 국회의원 유지에 필요한 비용을 20% 삭감하고, 운전비서 지원 등 특권을 과감히 폐지하며, 해외출장 등 의원 활동을 투명하게 개혁하면 총 비용을 동결할 수 있다.*

이 기사에 5천 개가 넘는 댓글이 달렸는데, 대부분이 부정적이다.

- 이제까지 본 제안 중 제일 실망스럽다.
- 웃기고 있네. 국회의원 수 늘리면 소수 정당인 지네 의원 수 늘어나니까 늘리자 하지.
- 360명으로 늘릴 것이 아니라 36명으로 줄여야 한다!

무릇 정치인이라면 현실을 정확하게 직시하고, 필요한 말이라면 비난을 무릅쓰고서라도 할 말을 해야 한다는 점에서, 이 의원은 멋진 정치인이다. 물론 현행 300명 정원에서 수를 더 늘리는 것은 무척 어려운 일이지만 말이다.

* 국회의원 수 360명으로 늘리자, 〈연합뉴스〉, 2015년 3월 15일.

옐로와 레드, 카드는 살아 있다

선거와 심판

정치의 주체로 호출되는 순간

민주주의를 흔히 국민에 의한 통치라고 하지만, 그것은 헌법 조문에나 있는 문장일 뿐 우리나라에서 최고로 높은 사람은 대통령이다. 어쩌다 대통령을 보기라도 하면 그저 황송하다. 1991년인가, 서울대병원 로비에 앉아 있다 난데없이 로비로 걸어 들어오는 대통령을 봤다. 대통령 주치의였던 C 교수가 머리를 조아리며 반 발자국 뒤에서 쫓아가고 있던 장면도 기억이 난다. 그때 거기 있던 사람들이 모두 일어나 박수를 치기 시작했다. 나 역시 그들에게 질세라 열심히 박수를 쳤다. 그 대통령이 군사독재의 연장이라 할 노태우였고, 시위에 나선 학생을 죽이기까지 했던 이였음에도 말이다. 나에게 대통령은 조선시대 왕 같은 존재였으니까. 헌법에 적힌 대로 대통령이 나 같은 사람의 종이라는 생각은 감히 하질 못했다. 지금도 마찬가지다. 그런데 우리가 이 나라의 주인이라고 생각할 때가 있다. 촛불을 들고 광화문 광장에 나가 대통령 하야를 외칠 때 특히 그렇다. 선거로 뽑은 대통령이구나, 잘못을 하면 우리가 끌어내릴 수도 있겠구나, 같은 생각이 들 때 진짜 주인이 된 기분이 들지만, 이런 상황은 흔히 오지 않는다. 그나마 없던 주인의식이 생기는 또 다른 순간은 바로 선거 때다. 실제로 선거운동 기간 중에는 평소 민중들에게 관심도 없던 사람들이 갑자기 재래시장을 찾아 머리를 숙이며 표를 구걸한다. 그런 광경을 보고 있노라면 민주주의는 국민에 의한 통치라는 말이 비로소 실감 난다.

선거는 단순히 어떤 사람을 뽑는 행위가 아니다. 선거를 통해 사람들은 자신이 추구하는 가치를 표현하기도 하지만, 정부가 내놓는 정책이나 결정에 평가를 내리는 수단으로도 작용한다. 지미 카터(Jimmy Carter)가 로널드 레이건(Ronald Wilson Reagan)에게 참패한 이야기가 대표적인 사례다. 미국과 이란은 사이가 굉장히 나쁜 나라로 알려져 있지만, 늘 그랬던 것은 아니다. 특히 친미주의를 내건 팔레비(Muhammad Rida Pahlevi)가 독재를 하던 시절, 두 나라의 친분은 아주 두터웠다. 문제는 이란 국민들이 팔레비를 싫어했다는 점이다. 결국 호메이니(Ayatollah Ruhollah Khomeini)가 이끈 시위대는 팔레비 정권을 붕괴시키는 데 성공했다. 그러자 1960년 이승만 전 대통령이 그랬던 것처럼, 팔레비 역시 미국으로 도망쳐 몸을 의탁하려 했다. 하지만 미국이 팔레비의 입국을 허용한 데 분노한 테헤란 시민들은 미국 대사관을 점거하고 58명의 미국인을 인질로 붙잡았다. 그들이 요구한 것은 팔레비의 이란 송환과 그가 가진 천문학적 재산의 환수였다. 당시 미국 대통령이던 카터는 이 제안을 거부했다. 오히려 이듬해인 1980년 4월, 특공대를 보내 인질을 구출하려 했지만 요원들을 태운 헬기가 사막에 추락해 특공대 8명이 숨지는 사태가 발생하면서 카터는 궁지에 몰렸다. 결국 그는 그해 치러진 대통령 선거에서 레이건에게 참패함으로써 백악관을 떠난다.

외교 문제에서의 실책이 선거로 평가되는 일은 미국 같은 나라에서는 자주 있겠지만, 정권이 바뀌는 가장 빈번한 이유는 바로 경제다. 1992년 빌 클린턴(Bill Clinton) 민주당 후보가 당시 대통령이던 조지 부시(George W. Bush)와 대결했을 때 내걸었던 선거 구호는 "문제는 경제야, 이 바보야(It's the economy, stupid)"였다. 부시 전 대통령은 걸프전을 승리로 이끌면서 강한 미국의 자존심을 세웠지만 다수의 미국인들이 경기 침체로 인해 고통받고 있다는 점을 외면했는데, 클린턴은 바로 그 점을 파고들었다. 이는 미국만의 일은 아니어서, 정상적인 나라라면 경제 위기가 오면 정권이 교체된다. 2008년 아이슬란드가 그랬고, 2015년 아르헨티나의 정권 교체도 경제가 흔들린 것이 결정적이었다. 유권자는 자신들을 잘살게 해 주느냐에 따라 어느 후보를 지지할지 결정한다는 말이다.

심판의 손에 쥐어지는 카드 세 개

우리나라에서 큰 선거는 딱 세 가지다. 국회의원 선거(총선)와 대통령 선거(대선), 그리고 지방 선거. 이 외에도 각종 재보궐 선거가 있지만, 어디까지나 일부 지역 사람들에게만 해당될 뿐 전국적인 관심을 불러 모으지는 못한다. 아무튼 선거는 민주국가에서 유권자들로 하여금 주인의식을 느끼게 하는 몇 안 되는 기회다. 진정한 주인이 되려면 어떻게 해야 할까? 일꾼이 일을 잘했는지를 따져 본 뒤 앞으로 계속 쓸지 말지를 결정하면 된다. 잘못한 권력자를 쫓아내고 새로운 사람을 들이는 것, 정치권에서는 이를 '심판'이라고 부른다.

대통령 중임제를 시행하고 있는 미국과 달리 우리나라는 대통령이 5년 단임, 즉 한 번만 대통령을 할 수 있다. 중임제라면 대통령의 업적에 따라 기회를 더 줄지 여부를 결정할 수 있지만, 단임제는 그럴 수 없다는 말이다. 그러니까 우리나라는 대통령에 대한 직접적인 심판은 불가능하다. 그렇다고 기회가 아주 없는 것은 아니다. 다른 두 번의 선거를 이용하면 된다! 물론 집권당에 대한 심판이니 대통령 심판과는 원칙적으로 다르지만, 중임제가 아닌 우리나라에서는 '집권당 심판=대통령 심판'으로 받아들여지고 있다. 당시 박근혜 대통령은 2016년 총선에서 여당이 참패한 뒤 한동안 아무런 논평도 내놓지 않아 패배의 충격이 얼마나 컸는지를 짐작하게 해 줬다.

그런데 우리나라에서는 대선은 5년마다, 총선은 4년마다 열리다 보니

엇박자가 발생할 수 있다. 예컨대 2008년 3월 집권한 이명박 전 대통령은 같은 해 4월 총선을 치렀는데, 이런 경우 총선이 전혀 심판의 기능을 하지 못한다. 더구나 '총선=대통령 심판'의 성격을 띠다 보니 대통령으로서는 수단과 방법을 가리지 않고 이기려고 한다.

2016년 총선 시 여당은 경제부총리를 맡고 있던 인물을 총선에 내보냈다. 경제에 민감한 국민들에게 경제부총리 경력은 호감을 주기 마련이니 여유 있게 의석 하나는 확보하는 셈이다. 이뿐만이 아니다.

과거처럼 노골적으로 하지 않을 뿐, 선거를 앞두면 늘 정부가 돈을 풀어 경기를 부양하려고 한다. 게다가 다른 변수도 동원한다. 김대중 전 대통령이 총선을 사흘 앞둔 2000년 4월 남북정상회담을 연다는 사실을 발표한 것이나, 총선은 아니지만 이명박 전 대통령이 지방 선거 직전인 2010년 6월, 천안함 폭침이 북한의 소행이라고 서둘러 발표한 것도 그들이 선거 승리에 얼마나 목을 매는지 보여 준다. 국가가 비전을 가지고 앞으로 나아가야 하는 판에, 선거 승리를 위해 총력을 기울이다 보면 아무래도 후유증이 남게 된다.

공정하게 판정하지 않는 나라

대선, 총선, 지방 선거 모두 심판의 기능을 하지만, 그 심판이 제대로 기능하지 않고 있다는 게 우리나라 정치의 문제점이다. 예를 들어 이명박 정부를 보자. 4대강 사업으로 20조가 넘는 돈을 강바닥에 쏟아부은 이명박 정부는 소위 '자원외교'라는 명목으로 그보다 훨씬 많은 돈을 허공에 날렸다. 최첨단이라는 명성에 걸맞지 않게 1970년대 음파탐지기를 탑재해 화제가 됐던 통영함 사건은 이것만으로도 이명박 전 대통령을 법정에 세우기에 충분한 중대 범죄였다. 친인척과 측근들은 죄다 돈을 빼돌려 구속되는 바람에 임기 말이 됐을 때 그의 옆에 남아 있는 사람이 별로 없을 정도였다. '747'(7% 경제 성장률, 1인당 GDP 4만 달러, 세계 7대 강국 진입)이라는 보잉스러운 공약은 어느 하나 지켜지지 않았다. 사정이 이렇다면 그는 대통령에서 물러난 뒤 법정에 서야 했다. 그래도 대통령인데 봐줘야 한다면, 최소한 정권이 교체되어야 맞다. 하지만 2012년 치러진 선거 결과는 100만 표 이상 차이로 집권당이 승리하는 것으로 끝났다.

2007년을 떠올려 보자. 노무현 전 대통령의 5년은 즐거움보다 아쉬움이 많았다. 무엇보다 진보진영의 기대를 충족시켜 주지 못했는데, 그에 실망한 유권자들이 등을 돌렸고 결국 노무현 전 대통령은 한나라당 후보였던 이명박 후보에게 정권을 내주고 만다. 그것도 사상 최대인 530만 표 차이로 말이다. 당시 나는 당연한 결과라고 생각했다. 이명박 정권이 봉하 마을로 내려간 전임 대통령을 핍박해서 죽일 만큼 잔인하다는 것을 몰랐기 때문이기도 하지만, 노무현 정부가 실패했다는 데 어느 정도 동의했기 때문이다. 즉 노무현 전 대통령에 대한 심판을 이끈 이는 그에게 실망한 진보진영 유권자들이었다. 그런데 실패 차원이 아니라 나라를 나락으로 끌어내린 이명박 정부가 박근혜 정부에 무난히 정권을 넘겨주다니, 좀 너무한 게 아닐까. 왜 진보는 나름의 심판을 하는데, 보수 쪽 유권자들은 그러지 않을까?

돌이켜 보면 보수진영은 원래부터 제대로 된 심판을 할 마음이 없었다. 그들은 자기네 권력자가 아무리 잘못한 게 많아도 자기편에 대한 신임을 거두지 않았다. 세월호 참사로 인해 국가의 총체적 무능이 드러났어도 그로부터 두 달이 채 안 돼 열린 지방 선거가 여당의 압승으로 끝이 난 것이 대표적인 예다.

1997년 외환 위기 당시 우리나라는 달러가 모자라 IMF에서 돈을 빌려 오는 수모를 겪었다. 수많은 기업이 도산했고, 거리에는 노숙자가 넘쳐 났다. 망한 나라라는 자괴감이 국민들의 마음속에서 회오리쳤다. 여기에는 여러 원인이 있겠지만, 1인당 국민소득 1만 달러 달성에 집착해, 높게 책정됐던 환율을 내리지 않았던 정책 실패도 한 이유였다. 경제 위기가 오면 정권이 교체되는 다른 나라들처럼 우리도 그랬다. 그때 건국 이래 최초로 평화적으로 정권이 교체되었다. 하지만 여기에는 변수가 있었다. 외환 위기를 틈타 불기 시작한 박정희 신드롬은 그와 외형상 닮은 점이 있는 이인제 전 의원의 지지율을 한껏 높였고, 이에 고무된 그는 한나라당을 나와 국민신당이라는 새로운 당을 만들었다. 당시 한나라당 후보였던 이회창 후보와 김대중 후보의 표 차이는 불과 39만 표였으니, 보수 성향의 이인제 후보가 500만 표를 빼앗아 가지 않았다면 정권이 교체되지는 않았을 것이다.

견제와 균형이 무너질 때

2016년 있었던 청문회에서 야당의 한 의원은 증인으로 나온 우병우 전 민정수석에게 이렇게 물었다. "국민들이 우습죠?" 우병우 전 민정수석은 아니라고 답했다. 뒤이어 그는 우병우 전 민정수석에게 왜 청문회에 나오지 않고 몇 주간 숨어 다녔는지를 물었다. 출석요구서를 수령하지 않으면 청문회에 나오지 않아도 된다는 점을 이용한 것 아니냐는 질문이다. 결국 누리꾼들이 천만 원이 넘는 현상금을 내걸며 '우병우 찾기'에 돌입하자 그제서야 우병우 전 민정수석은 청문회에 나왔다. 하지만 그는 자신이 고의로 숨었다는 사실을 부인했다. 다시 야당 의원이 물었다.

야당 의원 : 현상금 걸린 거 보고 어떤 생각이 들었어요?

우병우 : 별로 신경 안 썼습니다.

야당 의원 : 국민들이 우스운 거예요.

청문회를 보던 많은 이들은 그 의원의 말에 동의했으리라. 그렇지 않다면 국민을 대표해 질의하는 국회의원들에게 시종 짜증스러운 표정을 짓지 않았을 테고, 자신의 본분을 다하려는 기자에게 눈으로 레이저를 쏘는 일도 없었을 것이다. 비단 우병우뿐만이 아니다. 박근혜 정권에 부역했던 이들은 모두 비슷한 행태를 보였다. 청와대 행정관이던 이영선과 윤전추는 청문회 출석일에 맞춰 연가를 신청하고 청문회에 나오지 않았다. 어떤 이는 자식에게 영향을 미칠 수 있다며 출석을 거부했고, 또 어떤 이는 있지도 않은 질병을 핑계 삼아 불참했다. 어쩌다 참석한 이들은 하나같이 거짓말을 했다. 블랙리스트와 관련해 증언대에 선 조윤선 전 문화체육관광부 장관은 보는 이마다 뒷골이 당기게 만들었다. 말 한마디를 할 때마다 이 거짓말이 전에 했던 거짓말과 잘 부합하는지를 따졌고, 경우에 따라서는 질문과 전혀 상관없는 헛소리를 길게 늘어놓아 질문자를 질리게 만들었다. 이들의 공통점은 한 가지였다. 국민을 무서워하지 않는 것. 박근혜 정부는 이런 자들 때문에 몰락했다.

국가권력을 잡는다는 것은 굉장히 큰 칼을 손에 쥔 것과 같다. 큰 칼을 차고 길거리에 나가면 다들 무서워서 자리를 피한다. 슬슬 욕심이 생긴다. '이걸로 은행을 털어 볼까?' 권력분립이 민주주의의 근본인 이유도 인간이 원래 이기적인 동물이기 때문이다. 즉 군주의 선의에 따라 좋은 나라가 되는 것을 기대하기보다는, 여러 사람의 감시 속에 어느 한 쪽이 사익을 추구하지 못하도록 하는 게 낫다는 판단에서다. 유감스럽게도 우리나라는 권력이 제대로 분립되지 않은 나라다. 여당이 과반수를 차지했던 국회는 견제는커녕 대통령을 받들어 모시기 바빴다. 검찰은 어떨까? 검찰총장과 법무부 장관을 대통령이 임명하는 구조에서 검찰이 대통령에 맞서 자신의 역할을 수행하기란 어렵다. 게다가 청와대는 검사를 민정비서관 등으로 임명해 일을 시킨다. 검사들과 인맥이 있는 데다 검찰을 누구보다 잘 아는 사람이 청와대에 있다면 검찰이 청와대에 맞설 수 있을까? 그래서 청와대에 검사 파견을 금지하는 법이 생졌지만, 소용없었다. 검사직을 잠시 그만두게 한 후 청와대에 데려왔다가 다시 검사로 복귀시키는 편법을 동원했으니 말이다. 권력의 눈치를 보는 검사를 욕하기는 쉽지만, 이런 상황에서 검사가 자신의 소신을 지킨다는 것은 결코 쉽지 않다. 권력을 감시해야 할 언론은 어떨까? 박근혜 전 대통령을 칭송한 TV조선 기자의 모습에서 보았던 것처럼, 우리나라 언론들은 권력에 맞서기보다는 권력에 투항함으로써 이익을 챙기려 한다. 그들이 정권을 비판하는 것은 그 정권이 힘이 빠진 이후다. 물론 〈경향신문〉과 〈한겨레〉 같은 진보언론이 있고, 팟캐스트가 언론의 부족한 부분을 보충해 주고 있지만, 전체 언론 지형에서 볼 때 그들의 역할은 아직 미미하다.

선거는 심판의 기회다

권력을 감시해야 할 주체들이 오히려 권력에 부역하는 현 상황에서 믿을 것은 오직 국민들뿐이다. "모든 민주주의 국가에서 국민은 그들의 수준에 맞는 정부를 가진다"라고 한 프랑스 정치학자 알렉시스 드 토크빌(Alexis de Tocqueville)의 말이 맞다면 박근혜 정부가 나라를 망가뜨리는 데 우리 역시 기여한 셈이다. 나름의 생업이 있는 데다 접할 수 있는 정보도 한정적인 만큼 우리가 무엇을 할 수 있을까 싶겠지만, 그래도 선거를 통한 심판 정도는 할 수 있지 않을까? 그리 어려워 보이지 않는 이 일을 우리는 하지 못했다. 박근혜 정부 때 있었던 가장 큰 선거는 2014년 6·4 지방 선거였다. 이 선거가 특히 중요했던 이유는 선거 두 달 전 세월호 참사가 발생했기 때문이다. 구조 과정에서 정부가 보여 준 총체적 무능력은 '정부는 국민의 생명과 안전을 책임져야 한다'라는 기본 명제를 의심하게 만들었다. 이쯤 되면 정부에 경고의 메시지를 보낼 필요가 있고, 지방 선거는 그 기회였다. 물론 지방 선거는 자기 지방을 위해 일할 사람을 뽑는 선거이니 무조건 당만 보고 뽑을 수는 없다. 그렇더라도 지방 선거를 정부 심판의 수단으로 쓸 수 있었다. 하지만 그 선거에서 여당은 비교적 선전했다.

특히 세월호 참사로 인한 피해가 가장 컸던 경기도에서의 여당의 승리는 정부가 그 후 세월호 진상규명을 방해하고 유가족을 대놓고 홀대하게 만든 이유였다. 무엇을 하든 선거에서 이긴다면 그 정권은 오만해질 수밖에 없다. 그리고 굳이 국민을 위한 정치를 하기보다는 사익을 취할 확률도 높아진다. 박근혜 정권의 오만은 2016년 4월 총선을 앞두고 극에 달했다. 게다가 야당은 분당의 내홍을 겪었으니, 박근혜 정권 입장에서는 두려울 게 없었다. 그래서인지 박근혜 전 대통령은 선거에서 국민이 야당에게 본때를 보여 달라는, 소위 야당 심판론을 주장했다. 대부분의 선거가 집권 세력의 공과를 따지는 게 쟁점이라는 점에서 박근혜 전 대통령의 야당 심판론은 창의성 면에서 평가할 만하다. 이들의 오만이 지나쳤던지 지난 선거에서 심판자의 역할을 하지 못했던 유권자들은 위기감을 느꼈다. 보수 지지층의 투표 성향은 이전과 비슷했지만, 각성한 젊은 유권자들이 투표장에 몰려갔다.

> 20대 초반 유권자의 투표율(55.3%)은 19대 총선과 비교해 9.9% 올랐고, 20대 후반(49.8%)은 무려 11.9% 포인트 상승했다. 30대 유권자의 투표율도 7.1% 포인트 높아졌다. 전체 투표율(58%)이 19대 총선과 비교해 3.8% 상승했다는 점을 감안하면, 청년층의 투표자 비중이 크게 높아진 셈이다.*

그 결과 개헌 저지선까지 얻을 수 있다던 여당은 원내 과반 의석은커녕 야당에 밀려 제2당으로 전락했다.

정치는 결국 국민이 바꾼다

이렇게 만들어진 여소야대는 산으로 가던 우리나라를 올바른 방향으로 돌려놓았다. 대통령 혼자서 추진하던 교과서 국정화가 주춤한 것도 그렇고, 비정규직 확대와 쉬운 해고를 골자로 하는 노동개혁법의 국회 통과도 어려워졌다. 결정적인 효과는 국회의 견제 기능이 되살아났다는 점이었다. 국민 대다수가, 그리고 김기춘 전 비서실장과 우병우 전 민정

* 19대 대선, 정치관심도 높아진 '청년층'이 승패 좌우, 《시사위크》, 2017년 1월 10일.

수석도 최순실의 존재를 모르던(혹은 적어도 모른다고 하던) 2014년 4월, 야당의 한 의원은 국회 교육문화체육관광위원회에서 최순실의 딸 정유라의 '공주 승마' 특혜 의혹을 제기했다. 그래서 어떻게 됐을까? 여당 의원들은 그 의원에게 집중포화를 퍼부었다.

A 의원 : 이 선수의 경기 실적을 들여다봤더니 유망하고 전적이 뛰어나다. 이런 문제가 왜 불거졌는지, 이 선수의 명예나 장래를 어떻게 책임질 것인가. 너무 애석하다.

B 의원 : 장래가 촉망받는 국가의 1등급 승마 선수가 이런 악성 루머 때문에 기가 꺾이고 인격 모독이 되는 이런 일이 지금 벌어지고 있는 것 같다. 제보가 잘못됐다면 사과를 꼭 받아 내고 거기에 따른 조처가 필요할 것이다.

C 의원 : 정 선수에 대한 사실들은 허위 사실이라는 게 어느 정도 밝혀졌다고 보는데 장관은 어떻게 생각하는가?

D 의원 : 정유라는 2007년부터 2014년 3월까지 거의 모든 경기에서 1, 2위를 휩쓸다시피 한 선수다. 이 선수의 부모님이 누구고 윗대 어른이 누구라는 이유로 이렇게 훌륭한 선수를 음해하는 것은 정치권에서 불건전한 세력들과 결탁해 유망주를 죽이는 일이다. 문체부가 두고 보고 있으면 안 될 일이다.

한 구절 한 구절이 가슴에 와닿는다. 가장 화려하게 정유라를 감쌌던 여당 의원은 그 발언 이후 여성가족부 장관이 됐으니, 이쯤 되면 비선의 딸을 옹호할 만도 하다.

당시 수적으로 열세였던 야당 의원들은 동료 의원이 당하는 것을 그냥 볼 수밖에 없었지만, 4월 총선 이후 여소야대의 지형이 만들어지자 사정은 급변한다. 언론이 발로 뛰며 취재를 하면, 야당 의원들이 그 내용을 국회에서 터뜨렸다. 급기야 야당이 최순실을 국정감사 증인으로 소환하려 하자 표면상은 다른 이유였지만, 이를 막기 위해 새누리당 대표 이정현 의원은 며칠 동안 단식을 해야 했다. 박근혜-최순실 게이트에 불을 붙인 것은JTBC의 태블릿PC 보도지만, 여소야대로 인해 국회의 견제 기능이 살아나지 않았던들 그 보도는 가능하지 않았을지 모른다. 선거를 통해 집권당의 오만을 심판한 국민들이야말로 나라를 수렁에서 건진 일등공신인 셈이다.

응답하라, 풀뿌리 정치인

인지도 정치와의 결별

황교안 현상

2017년 2월 시행된 대선후보 지지율 조사에 따르면 신기하게도 3위가 황교안 대통령 권한대행(이하 황 대행)이었다. 3위를 신기하다고 한 이유는 지지율 2위인 안희정 후보가 이미 대선 출마를 선언했고, 문재인 후보 역시 선언만 하지 않았을 뿐 사실상 대권 주자로서 활동하고 있는 반면 황 대행은 한 번도 대선 출마를 언급한 적이 없기 때문이다.

황 대행에 대해 몇 가지 기억나는 일들이 있다. 첫 번째는 2016년 11월, 박근혜 전 대통령이 이상한 종교를 믿는 게 아니냐고 따져 묻는 민주당 이재정 의원을 째려보던 모습이다. 이재정 의원 역시 지지 않고 쳐다보며 둘 간의 눈싸움이 한동안 계속됐다. 이재정 의원이 법조계 경력으로 따지면 한참 후배이긴 해도 그가 국민의 대표로서 질문했다는 점에서 황 대행의 째려봄은 국민에 대한 도발로 보였다. 두 번째는 2016년 3월, 그가 부산행 기차를 타기 위해 차를 타고 서울역 플랫폼까지 진입했던 모습이다. 그가 두 발로 걷는 데 심각한 문제가 없다는 점에서, 그의 행위는 그저 갑질로 보였다. 세 번째는 2017년 2월, 박 전 대통령을 피의자로 규정한 특검이 청와대 진입을 저지당했을 때다. 특검은 황 대행에게 압수수색에 협조해 달라는 공문을 보냈다. 황 대행의 답변은 허용도 거절도 아닌, 답변을 뭉개는 것이었다. 앞의 두 가지가 출세 가도를 달리다 보니 자연스럽게 갖게 된 특권 의식의 발로였다면, 세 번째 사건은 아직은 대통령인 박근혜의 미움을 사고 싶지도 않고, 국민의 비난도 받고 싶지 않은 황 대행의 '꿩 먹고 알 먹기' 심리에서 나왔다.

물론 황 대행에 대해 나쁜 기억만 있는 것은 아니다. 그는 메르스 사태로 전국이 어지러울 때 총리가 됐는데, 그다음 날 메르스 사태에 대해 사과했다. 남이 해야 할 사과를 대신하는 것을 뭐라고 해야 할지 모르겠지만, 보통 사람은 이르지 못할 경지다. 게다가 그는 만성 두드러기로 군대마저 면제된 허약한 몸으로 열심히 공부해 사법고시에 합격했다. 건강한 몸에도 불구하고 불평불만이 많은 일반인들은 반성하자. 이렇게 훌륭한 황 대행이 대선에 나가면 안 된다는 법은 없다. 하지만 그의 지지율 상승이 반기문 전 UN 사무총장의 대선후보 포기 이후라는 점을 주목해야 한다. 그의 갑작스러운 부상은 보수진영 측에서 내놓을 수 있는 가장 그럴듯한 대안이었기 때문이라는 추측이 가능하다. 그렇게 생각해도 이상하다. 보수진영에는 이미 대선 출마를 선언한 후보들이 있었기 때문이다. 이들의 지지율이 낮긴 하지만, 황 대행에게 갈 지지를 한 곳에 몰아 주는 전략적 선택을 한다면 2위 정도는 금방 치고 올라올 수 있지 않았을까?

그럼에도 불구하고 보수가 황 대행을 선호했던 데는 나름의 이유가 있을 것이다. 내가 보수가 아니라 확실히는 알 수 없지만, 요직을 두루 거친 화려한 경력이 보수의 표심을 끌어모으는 이유가 아닐까? 그러니까 황 대행의 지지율은 곧 그의 높은 인지도를 반영한다고 할 수 있다.

인지도가 중요하다?

새삼스러운 일은 아니다. 우리 정치는 예전부터 인지도가 밥 먹여 줬다. 유권자들은 모르는 후보를 알려고 노력하기보다, 잘 알고 있는 후보를 찍었다는 얘기다. 그러다 보니 얼굴이 알려진 이가 정치판에서 성공하는 데 훨씬 유리했다. 예컨대 한 대선후보는 〈무릎팍도사〉에 출연해 큰 인기를 얻은 것이 시작이었다. 반기문은 UN 사무총장을 하면서 쌓은 인지도를 20일 남짓한 대선후보 운동에 쏟아부었다. 이들이 대선의 꿈을 꿀 수 있었다는 사실 자체가 선거에서 인지도가 얼마나 중요한지 보여 주는 상징적인 사례였다. 몇 명이서 경쟁하는 대선보다 수백 명이 경쟁하는 국회의원 선거에서 이런 현상은 훨씬 더 두드러진다. TV에 매일 얼굴을 비추던 아나운서는 섭외 1순위였다. 서울시장 재직 중 무상급식 문제로 중도 퇴진했던 오세훈은 〈오 변호사 배 변호사〉라는 TV프로에 나와 인지도를 쌓은 것이 정치판에 나서는 발판이 됐다. 야당의 한 의원은 소위 국정원 댓글 사건에서 상부의 압력이 있었음을 증언해 화제가 된 것이 국회의원이 된 비결이었다. 야당의 또 다른 의원도 정윤회 문건 파동으로 이름을 알린 게 정치계 입문의 계기였다. 지금은 좀 뜸하지만, 연예인들의 공천도 가끔 화제가 됐다. 이순재는 최고의 시청률을 누리던 〈사랑이 뭐길래〉를 등에 업고 국회의원이 됐다. 정한용도 김대중 전 대통령이 이끄는 국민회의 소속으로 금배지를 달았다.

잘 아는 사람을 찍는 것을 꼭 탓할 수만은 없다. 아무것도 모른 채 무조건 1번만 찍는 풍토에 비하면 그래도 아는 사람에게 표를 던지는 것은 진일보한 정치의식으로 보이기도 한다. 하지만 여기에는 세 가지 문제점이 있다.

첫째, 무분별한 영입이다. 2012년 총선을 앞두고 여당은 연예인 강호동과 청춘 멘토 김난도를 영입하려다 실패했다. 원래 외부 인사를 영입하려면 당사자가 정치에 뜻이 있는지를 물어보고, 그가 당의 정체성과 맞는지 따져 본 뒤 해야 한다. 하지만 우리나라 정당들은 의석 하나라도 더 얻기 위해 무리수를 두다 보니 조금만 뜨는 사람이면 서로 달려들어 영입 전쟁을 벌인다.

둘째, 국정운영을 위한 주요 자리가 정치인의 경력 관리를 위해 쓰일 수 있다. 화려한 경력을 가질수록 유권자에게 어필하니, 가급적 장관을 지낸 이를 총선에 내보내려 한다는 뜻이다. 최경환 국회의원을 보자. 3선 의원이던 그는 2014년 7월부터 1년 반 동안 경제를 총괄하는 경제부총리 겸 기획재정부 장관을 지낸다. 2014년에 발생한 세월호 참사와 이듬해 터진 메르스 사태로 인해 우리나라 내수는 최악이던 시기였으니, 경제부처 장관이라면 어떻게 하면 이 상황을 타개하고 개선할 수 있을지 고민해야 했다. 하지만 그는 국정에는 크게 관심이 없었다. 대신 그는 총선을 열 달가량 앞둔 2015년 8월, 여당 국회의원 연찬회에 참석해 "내년에는 (경제 성장률이) 3% 중반 정도에 복귀할 수 있도록 해 (당의) 총선 일정 등에 도움이 되도록 하겠다"라고 말했는데, 이는 아무리 좋게 봐도 경제보다 선거 승리가 더 중요하다는 얘기로 들린다. 야당의 문제제기로 논란이 커지자 그는 기억이 나지 않는다고 한 뒤 "경제부총리가 경제 살리기를 열심히 하겠다는 것을 가지고 선거법 위반이라 하면 어떻게 하냐"* 라고 반문했지만, 결국 선거를 앞두고 지역구 국회의원 출마를 위해 장관직을 그만둔다. 물론 그 정도 급의 인사가 국회의원 당선을 위해 경제부총리 겸 장관 타이틀을 이용한 것은 아니겠지만, 이런 인사를 자행한 박근혜 전 대통령에게 "당신에게 경제는 과연 무엇이냐?"라고 묻고 싶다.

* '총선일정 도움' 발언 논란 …… 최경환 "기억없다", 〈머니투데이〉, 2015년 8월 27일.

풀뿌리 정치인의 부재

마지막으로 인지도 정치가 문제 되는 것은 정당에서 기초를 다지며 지역사회를 가꿔 온 정당 활동가들에게 좌절을 안긴다는 점이다. 정당은 비교적 큰일을 하는 곳이며, 많은 사람을 필요로 한다. 어떤 조직이든 우수한 인재가 많으면 잘되니, 정당에도 우수한 이들이 많으면 좋을 것이다. 뛰어난 머리와 올곧은 성품을 지닌 이가—이름이 경아라고 하자—정치에 뜻을 두고 정당에 들어갔다고 해 보자. 경아는 들어가자마자 일을 잘한다고 선배들에게 인정을 받는다. 나이가 듦에 따라 경아의 위치는 위로 올라가고, 어느새 따르는 후배도 여럿이다. 경아는 자신이 공천을 받아 선거에 나가기를 바란다. 그의 후배들도 경아의 공천을 바라는데, 경아가 잘되면 자신들이 보좌관이 될 수도 있고, 그렇지 않더라도 차기 선거 때 자신에게도 비슷한 기회가 주어지리라는 희망을 가질 수 있기 때문이다. 이런 현실을 잘 알기에 경아도 자신이 공천을 노리는 천안 동남구에서 열심히 기반을 다졌다. 그런데 선거를 6개월 앞둔 마당에 갑자기 당에서는 경아 대신 서민이란 사람을 공천한다. 서민은 천안이란 곳에 애정이 있는 것도 아니고, 정치적인 식견이 뛰어나지도 않다. 하지만 그가 TV에 얼굴을 가끔 내밀어 인지도가 높다는 것이 당에서 서민을 공천한 이유다. 이렇게 되면 경아와 그의 후배들이 열받을 만하다.

이런 일은 도처에서 벌어진다. 이번에는 실제 예를 들어 보자. J는 연세대 총학생회장을 지냈다. 그때는 학생운동이 매우 활발하던 시기였고, 실제로 그때 활동하던 소위 386세대가 정치권으로 대거 유입된 바 있으니, J도 자연스레 정치에 관심을 갖게 된 모양이다. 그는 한 야당에 입당해 국회의원이 되고자 했지만 공천을 받는 데 실패했다. 지역구인 마포을에 스타 정치인이 버티고 있었기 때문이다. 그런데 20대 총선에서 그 스타 정치인이 공천에서 탈락하는 일이 발생했다. 이 정치인을 컷오프시킨 것에 대해 많은 누리꾼들이 격분했고, 나 역시 이를 주도한 당시 비대위원장의 결정이 어이없었지만, J는 드디어 기회가 왔다고 생각했을 것이다. 하지만 당은 컷오프당한 그 정치인에게 미안함을 느꼈는지 그가 추천한 다른 후보를 공천했다. 마포에서 평생을 살았고 지역을 위해 일하겠다는 마음으로 오랜 기간을 기다려 온 J로선 연고도 없는 이에게 지역구를 빼앗기는 게 억울할 법도 했다. J는 1966년생으로 벌써 쉰을 넘었는데, 그때까지 단 한 번도 국회의원으로 당선되지 못했다면 그 이후로는 확률이 더 떨어지리라고 보는 게 현실적이다.

그래서 J는 단식농성에 들어갔다. 단식농성이 위험한 것은 상대가 자신의 요구를 들어줄 리가 없을 때 과연 언제까지 단식을 해야 할지 모른다는 점인데, J는 현명하게도 당이 꿈쩍도 안 할 것을 미리 짐작했다. 그는 4일 만에 단식을 중단하고 무소속으로 출마했다. 어차피 마지막이 될지도 모를 정치 인생이니, 출마라도 한번 해 봐야지 않겠는가? 내 본거지이긴 하지만 떠난 지 벌써 10년이 다 된 마포을의 사정을 이렇게 자세히 아는 것은 J가 내 고교 동창이기 때문이다. 그는 문과라서 이과인 나와 일면식도 없지만, 동창들의 휴대폰 번호로 이에 대한 문자 메시지를 수시로 보내 왔다. 문자들을 보면서 늘 미안했다. 무소속으로 나선 결과는 어떻게 됐을까. 당연히 낙선이었지만, 낙선 그 자체보다 선거 포스터에 적을 만한 경력이 별로 없다는 게 마음 아팠다.

연세대학교 25대 총학생회장
더불어민주당 정책위원회 부의장(전)
박원순 서울시장 후보 정책특별보좌관(전)
문재인 대통령 후보 부대변인(전)

그의 바람대로 J가 그 후보 대신 공천을 받았다면 어땠을까? 마포을의 성향상 당선 가능성이 없진 않았겠지만, '경력이 이게 뭐야?'라고 그를 외면할 사람도 분명 있었으리라. 정당은 당을 위해 일해 줄 사람보다는 인지도가 높은 이를 원한다. 그런데 그 인지도는 당에서만 일하면 절대로 얻을 수 없다. 정치의 목표가 국회의원 되기는 아니지만, 지금처럼 선거 때만 되면 인지도 높은 외부 인사를 영입하는 풍토는 개선되면 좋겠다.

밑바닥부터 시작하는 것은 어떨까?

김두관 전 장관의 예를 들어 보자. 그는 1988년 남해 고현면 이어리 이장으로 정치를 시작했다. 이장이 하는 일이 다 그렇듯, 그는 농민들과 같이 농사를 지었다. 다음으로 그는 〈남해신문〉이라는 지역지를 키웠다. 그는 자기 집 땅을 팔아 〈남해신문〉을 발행했는데, 이 신문은 어디까지나 농민의 입장에 서서 지역의 발전을 꾀해 인기를 모았다. 인구가 5만 명밖에 안 되는 곳에서 발행 부수가 30만이 넘었다니 대단하지 않은가? 이를 발판으로 이장이던 김두관은 37세에 남해군 군수에 도전해 최연소 군수가 됐다. 남해군 발전을 위해 무엇을 할지 고민하던 그는 사시사철 푸른 잔디가 깔린 운동장을 꿈꾼다. 결국 독일에서 들여온 잔디를 남해의 기후에 맞게 개량해 운동장에 깔았고, 5개의 잔디 구장을 거느린 스포츠 파크를 만들었다. 때마침 2002년 한일 월드컵의 유치가 결정된 터라 잔디 구장에 대한 수요가 컸고, 프로축구 구단과 유소년 축구단들도 '남해 잔디'를 찾아 전지훈련을 왔다. 월드컵을 앞두고 덴마크 팀이 남해에 캠프를 차리기도 했다. 2000년을 기준으로 했을 때 남해군 농민들이 농사를 지어 얻은 수익이 138억인데, 스포츠 마케팅으로 거둔 수익이 140억이었을 정도다.*

이로 인해 노무현 정부의 신임을 얻어 김두관 전 군수는 정부 출범과 동시에 행정자치부 장관이 됐다. 당시 한나라당 의원들은 노골적으로 그를 비웃었다. 이장이나 군수를 해야 할 사람이 장관을 하고 있다는 비아냥거림이 매스컴을 장식했다. 박희태 전 의원이 "이장 출신 주제에"

---

* 김두관 경남도지사의 중국에 대한 각별한 감정, 〈민생일보〉, 2012년 2월 2일.

라고 말했던 것이 대표적인 예다.* 과연 그럴까? 지역민들과 함께 호흡하며 그들에게 무엇이 가장 필요한지를 찾아내고 그 일을 정력적으로 추진하기. 김두관 전 장관이 남해에서 한 일들은 제대로 된 정치인이 성장하는 모범 답안을 따른다. 물타기는 좋지 않지만, 한 군은커녕 한 마을도 제대로 다스리지 못할 사람이 대통령이 되는 판에, 김두관이 행정자치부 장관이 되는 것은 오히려 자격이 넘친다고 봐야 하지 않을까? 지방분권을 위해 애쓰던 김두관 전 장관은 결국 사소한 사건을 트집 잡은 한나라당에 의해 해임되고 만다. 그 뒤 그는 민주당 소속으로 경남지사에 당선되는 기적을 이루기도 하고, 대선을 위한 당내 경선에도 뛰어든 바 있는데, 이렇게 한 지역을 걱정하던 정치인이 성장함에 따라 좀 더 큰 지역을 걱정하는 것을 보면 마음이 뿌듯해진다.

꼭 지자체장이 아니더라도 훌륭한 정치인이 될 방법은 있다. 시민단체 운동가가 되는 것이다. 애당초 정치를 하기 위해 시민단체에 가는 게 아니라, 지역에 뿌리내린 시민단체에서 일하다 힘의 한계를 느껴 정치에 뛰어든다는 것이 명분의 측면에서 옳다. 명망 있는 인사의 외부 영입보다 당에서 열심히 일한 이들, 해당 지역에서 열심히 일한 이들, 시민단체 활동을 열심히 한 이들, 이런 사람들이 힘을 갖게 한다면 이 나라가 좀 더 나아지지 않겠는가?

---

* 아쉬울 땐 찾더니 '이장 출신 주제에'라니, 〈오마이뉴스〉, 2003년 9월 2일.

4부

서민적 정치의 미래

우리 시대의 보트피플

청년의 정치 참여

외환 위기가 원인의 전부는 아니다

미국의 사회학자 제러미 리프킨(Jeremy Rifkin)이 쓴 《노동의 종말》의 끝 부분에는 다음과 같은 구절이 있다.

"우리는 지금 세계시장과 생산 자동화라는 새로운 시대로 진입하고 있다. 거의 노동자 없는 경제로 향한 길이 시야에 들어오고 있다."

《노동의 종말》이 출간된 것은 1995년이었다. 이 책은 1970년대 말 미국을 비롯한 여러 나라에서 평생직장의 개념이 무너지면서 벌어지는 현상을 분석한 내용이었다. 하지만 《노동의 종말》은 당시 호황의 끝을 붙잡고 있던 우리나라에서도 예언서 역할을 했다. 그로부터 2년 뒤 외환위기가 우리나라를 덮쳤다. 구조조정의 압력을 받던 기업들은 가장 손쉬운 해법인 인원 감축에서 돌파구를 마련하고자 했다. 결국 기업들은 '정리해고제'를 도입해 노동자들을 언제든 해고할 수 있는 장치를 마련했다. 비정규직이 큰 폭으로 증가한 것도 이때부터였다.

이 상황을 이해하지 못하는 것은 아니다. 노사정 협의회에서 정리해고제를 통과시킬 때, 국민의 상당수가 이 법안을 지지했던 것도 시대의 흐름이라 생각했기 때문이다. 게다가 우리나라는 고속 성장의 시대를 벗어났고, IT 산업의 발달로 인해 일자리가 자동화된 측면도 있으니, 기업에게 무조건 고용만 늘리라고 할 수는 없는 노릇이었다. 문제는 그 뒤 기업들의 상황이 나아졌음에도 불구하고, 고용의 양적 측면은 고사하고 질적 측면을 개선하는 데도 별 관심을 보이지 않았다는 점이다. 통계에 따르면 10대 재벌의 비정규직 고용 비율은 38.0%로 우리나라 평균인 32.8% 보다 높다.* 이들이 비정규직을 대거 채용했기 때문만은 아니다. 재벌 비정규직의 대부분은 파견·용역·도급 등 하청 업체를 통한 간접 고용이다. 명목상 하청 업체 소속 노동자이지만, 실제 일은 재벌 회사에 가서 한다. 이렇게 하는 이유는 직접 뽑는 직원보다 월급을 덜 줘도

* 비정규직 대한민국, 원흉은 재벌-대기업, 〈프레시안〉, 2016년 9월 23일.

되고, 결정적으로 언제든 해고할 수 있기 때문이다. 업무 자동화로 일할 사람이 덜 필요한 게 아니라, 사람이 필요해서 쓰면서 돈은 덜 들이겠다는 고약한 심보다.

여기에 이명박 정부 때부터 법인세를 인하했다. 기업이 내야 할 세금을 깎아 줬단 얘기다. 그 5년간 기업들이 감면받은 액수는 25조 원에 달했고, 그 혜택이 30대 재벌에게 돌아갔다. 박근혜 정부에 들어서도 낮은 법인세는 그대로 유지됐다. 2015년 한 해만 해도 법인세 감면액은 10조에 달했다. 국가에 돈이 들어갈 곳이 많은데, 왜 법인세는 인하했던 것일까? 논리는 이렇다. "법인세를 깎아 주면 기업이 남는 돈으로 사람도 많이 뽑고 투자도 열심히 할 것이니, 결국 국민 경제 전체로 보면 이익이다." 하지만 그것은 오산이었다. 재벌들은 어디에도 투자하지 않았다. 법인세 인하로 남은 돈으로 직원을 채용하기는커녕 인건비까지 아꼈다. 깎아 준 법인세는 알뜰하게 모았다. 야당의 한 의원에 따르면 30대 재벌이 쌓아 둔 사내 유보금은 무려 710조에 달한단다.* 그 많은 돈 중에서 청년 일자리를 위해 들어간 돈은 한 푼도 없고, 오히려 최순실이 만든 K스포츠재단과 미르재단에 774억 원을 냈다. 사내 유보금에 비하면 껌값도 안 되는 이 돈을 가지고도 연봉 3천만 원 노동자를 2,580명 더 뽑을 수 있다. 그래서 그 의원은 이렇게 말했다.

* 박범계 의원 "청년실업 위해 재벌기업 사내 보유금 풀어야", 〈중도일보〉, 2015년 10월 29일.

"사내 유보금 가운데 1%만 일자리 창출에 투자해도 청년 30만 명이 양질의 일자리를 찾을 수 있습니다."

청년이 떠난 자리

다시 물어보자. 청년들은 왜 어려워졌을까? 외환 위기 때문일까? 아니면 재벌을 비롯한 기업들의 탐욕 때문에? 청년의 어려움에는 여러 이유가 있을 것이다. 그중에서도 청년들이 정치에 관심이 없었다는 것, 이 역시 무시하기 어려운 이유다. 박근혜-최순실 게이트가 터지기 전까지 청년들, 특히 20대는 정치에 무관심했다. 내 한 몸 건사하기도 힘든 판에 정치에 관심을 갖는다니, 호사로 느껴지기도 했을 것이다. 현실의 박근혜 전 대통령은 배우 현빈을 제외하곤 청년에게 관심이 없었지만, 만일 그가 청년 고용에 관심이 많았다면 어떤 일이 벌어졌을까? 삼성 이재용 부회장의 경영권 세습을 도와주는 대가로 청년 고용이나 그에 준하는 일을 해 달라고 했을 수도 있다. 몇천, 몇만 명의 청년들 일자리를 창출할 수 있느냐 없느냐가 대통령 한 명의 마음먹기에 달렸다는 말이다. 물론 청년 고용에 관심을 갖는 정치인에게 힘을 실어 주는 것 역시 청년들의 힘이다. '한정된 자원을 어떻게 배분할지 결정할 수 있도록 힘을 행사하는 것', 이게 바로 정치의 힘인데, 이 중요한 분야에 관심을 갖지 않으면서 현실이 나아지기를 혹은 달라지기를 바란다는 것은 말이 되지 않는다.

안타깝게도 역대 선거 때마다 20대는 투표율이 가장 낮은 연령대였다. 2011년 코리아리서치에서 조사한 자료에 의하면 20대 중 정치에 매우 관심이 많은 이는 9.0%, 약간 관심 있다는 55.9%였다. 반면 정치에 별로 관심이 없는 이는 32.1%였고, 전혀 관심이 없는 이들도 3.0%나 됐다. 무려 35%가 정치에 관심이 없다는 얘기다. 〈오마이뉴스〉 기자는 이들에게 '투표를 함에 있어 장애물이 무엇인지' 질문했다. 그들의 답변은 다음과 같았다.

A : 저 같은 경우는 잘 몰라서.

B : 후보 등에 대한 정보의 부재.

C : 20대들은 타지에 나와 있는 사람들이 많잖아요. 그래서 투표하는 방법이나 그에 관한 정확한 정보를 알 수 없는 경우가 많아요. 이런 문제들을 근본적으로 해결하면 좀 더 나아지지 않을까요?*

설문조사 참가자들은 그들이 투표를 하지 않는 주된 이유가 정보 부족 때문이라고 답했다. 기자가 그랬던 것처럼 나 역시 당혹스러웠다. 선거 때마다 온갖 매체에서 후보자에 대해 떠드는데, 왜 정보가 부족하다는 것일까? 기자는 다시 물었다. 집으로 오는 후보 홍보물을 읽어 본 적

* 20대들이 투표를 하지 않는 이유, 〈오마이뉴스〉, 2016년 1월 20일.

이 있느냐고. 그러자 읽어는 봤지만 그 말이 그 말 같고, 정확한 의미를 알 수 없어 훑어보고 버렸다는 응답이 돌아왔다.* 이해심 많은 그 기자는 기성세대가 20대에게 투표의 의미에 대해 제대로 가르쳐 주지 않은 탓이라고 자책하지만, 나는 정보 부족을 탓하는 그들의 대답이 변명으로 들렸다. 유권자 중 20대만큼 검색을 잘하는 집단은 없다. 마음만 먹으면 지리산에 사는 멧돼지 숫자도 알아낼 수 있을 청년들이 '정보 부재' 운운하는 것은 사실 정치에 관심이 없다는 말이다.

청년들이 떠난 정치에서 늘 한자리를 차지한 분들은 어르신들이다. 2011년 12월, 이명박 전 대통령의 형인 이상득 전 의원은 자기 비서의 계좌에 7억 원을 넣어 둔 일이 탄로 났다. 이상득 전 의원은 자신의 장롱에 숨겨 뒀던 축의금이라고 했지만 그 말을 믿을 사람은 없었다. 정치권은 그에게 정계 은퇴를 요구했다. 결국 그는 이듬해 7월, 징역형이 선고되면서 구속되고 마는데, 내가 놀란 이유는 정계 은퇴 요구가 빗발치던 2011년, 이상득 전 의원의 나이가 일흔여섯이었다는 점이었다. 우리나라의 어떤 직장도 그 나이까지 현역에 놔두지 않는다. 공무원 정년은 60세이고, 다른 직장도 그 비슷한 나이를 정년으로 정한다. 정년이 비교적 긴 대학교수도 65세면 퇴임한다. 심지어 '사오정'이라고, 45세면 정년이라는 말도 유행한 바 있다. 그런데 정치인에게는 왜 정년이 없을까?

일반적인 기업에서 정년을 두는 이유가 무엇일까? 일정한 나이가 되

---

* 같은 글.

면 기억력과 판단력, 그리고 신체 능력이 떨어져 연봉에 걸맞은 이익을 가져다주지 못하기 때문이리라. 의사를 예로 들어 보자. 의사에게도 정년이 없는지라 고령 의사의 비율이 늘고 있는 추세다. 하지만 고령에 따른 실력 저하는 어쩔 수 없어 2000년대 미국에서 나온 보고서에 따르면 복잡한 수술 시 환자가 사망하는 비율은 60세를 넘긴 의사의 경우 급격히 높아진다고 한다.* 정치라고 해서 크게 다르지 않다. 정치를 함에 있어서도 명민한 판단력과 결단력 등이 필요하기 때문이다. 물론 박근혜 전 대통령처럼 젊은 시절부터 명민함과 담을 쌓은 이도 있지만, 이런 능력은 대개 나이가 들면서 저하되기 마련이다.

그 폐해에 한 가지를 더 보탠다면, 나이가 많은 이들은 청년들의 삶에 별 관심이 없다는 점이다. 고령자 주위에는 고령자가 많이 모이고, 그러다 보면 그들의 목소리에 더 귀를 기울인다. 왜 우리나라 공공기관에 내려보내는 낙하산 인사는 모두 고령자일까? 인사권을 쥔 이들의 나이가 많아서다. 이런 식으로 계속 고령자가 우리 사회를 쥐고 흔든다면 청년들의 삶은 앞으로 더 피폐해질 것이다. 정치에도 정년이 도입될 필요가 있는 이유는 바로 그래서다. 이런 문제의식에서 나는 〈경향신문〉 칼럼을 통해 다음과 같은 주장을 했다.

정치권의 고령화 타개가 저절로 이루어지지는 않을 터. 이젠 정치에

* 고령 의사 손에 들린 '수술 칼' 조마조마, 〈미주 한국일보〉, 2011년 2월 7일.

정년을 도입하는 문제를 검토할 때다. 나이 든 사람들끼리 작당해 전리품을 나눠 갖는 정치는 그만 보고 싶다.*

개인적으로 매우 시의적절하고 훌륭한 주장이라고 생각하지만, 이 글을 본 이는 극히 드물었고, 이를 둘러싼 논의조차 벌어지지도 않았다. 내가 '듣보잡'이라 원망스럽다.

고령화 사회, 고령화 정치

우리나라는 사회만 고령화되는 것이 아니라 정치도 고령화되고 있다. 국회를 보면 상황은 더욱 암담하다. 50대 의원은 18대에서 142명, 19대 142명, 20대 161명이며, 60대 의원은 각각 62명, 69명, 81명으로 점차 늘어났다. 반면 청년 의원 수는 각각 7명, 9명, 3명으로 오히려 줄었다.** 다른 나라도 이럴까?

지난 2014년 우리나라 국회가 국제의회연맹에 제출한 자료에 따르면 19대 국회의원 가운데 30세 미만 국회의원의 비율은 0%, 40세 미만은 2.3%에 불과합니다. 45세 미만으로 '청년'의 기준을 높여 봐

* [서민의 어쩌면] 정치에도 정년을 도입하자, 〈경향신문〉, 2016년 9월 6일.

** 청년 투표율은 올랐는데 '청년 정치인'은 실종됐다, 〈한국일보〉, 2016년 4월 15일.

도 45세 미만 의원이 국회에서 차지하는 비율은 6.3%로 나타났습니다. 이는 국제의회연맹에서 조사한 71개국의 청년 의원 평균 비율과 비교해 볼 때 거의 바닥을 치는 수준입니다.*

40세 미만 의원의 OECD 평균이 19.0%인 반면 우리나라는 2.3%에 불과하다니 좀 심각하지 않은가? 게다가 30대 미만이 OECD 평균 2.8%인 반면, 우리나라는 19대, 20대에도 30대 미만 정치인이 단 한 명도 없다! 이게 다 어른을 공경하는 한국 특유의 문화 덕분일까? 그것은 아니다.

30년 전인 12대 국회만 하더라도 지역구에만 30, 40대 국회의원이 96명으로 52.2%를 차지해 30, 40대가 국회를 이끌어 간다고 해도 과언이 아니었습니다. 386세대가 대거 국회에 진출했던 17대 국회에는 107명으로 국회 지역구 의원 가운데 44%를 기록하기도 했습니다.**

도대체 그 30년 동안 무슨 일이 있었던 것일까? 사회 자체의 고령화도 문제지만, 결정적인 차이점은 그때는 20대로 대표되는 젊은 층의 정치 참여가 지금과 비교할 수 없는 수준이었다는 것이다. 학생운동이 시

* 총선⑩ 한국 국회, 여성 · 청년의원 비율 OECD 꼴찌, KBS, 2016년 4월 12일.

** 같은 글.

들해지면서 젊은 층의 정치 무관심이 가속화됐고, 자신의 요구를 투표로 관철시키는 청년들이 점점 줄어들면서 단군 이래 청년들이 가장 어려운 지경에 놓이게 됐다.

물론 20, 30대 국회의원이 탄생하기란 현실적으로 쉬운 일은 아니다. 우리나라에는 직업 정치인보다 다른 곳에서 이름을 날린 명망가를 선호하는 풍토가 있는데, 30대에 이름을 날리기가 어디 쉬운가? 참고로 내가 대중적 인지도를 얻기 시작한 〈경향신문〉 칼럼 연재 개시는 무려 44세 때의 일이다. 그럼에도 불구하고 국회의원 공천해 줄 테니 와 달라는 제안을 한 번도 받지 못한 것을 보면 —물론 부른다 해도 갈 마음은 전혀 없다! —이보다 훨씬 더 큰 업적이 있어야 국회에 갈 수 있다는 말이다. 그럼 청년들이 국회에 갈 방법은 없을까? 있다. 인지도가 없어도 비례대표제를 통해 청년도 충분히 국회에 입성할 수 있다. 1981년생으로 2012년 국회의원이 된 야당의 김광진 전 의원이 '청년비례대표 제도'로 국회에 입성한 대표적인 예다. 그는 '테러방지법'과 관련해 당시 총리를 매섭게 몰아붙여 인기를 끈 바 있는데, 임기 동안 청년 법안 12개를 발의하는 등 청년대표로서의 역할도 소홀히 하지 않았다. 역시 비례대표로 36세에 당선된 여당의 이재영 전 의원도 '청년 창업자 우대 법안'을 발의해 본회의를 통과시키는 기염을 토했다.* 두 사람 모두 의정 활동을 훌륭히 해냈지만, 20대 국회에서 청년비례대표는 거의 사라지다시피 했

* [카드뉴스] 20대 국회, 청년이 사라진다, 〈한국일보〉, 2016년 4월 11일.

다. 공천은 했지만, 배정받은 순서가 당선권이 아니었다. 신보라 의원만 당선되고 말았는데, 그는 성남시에서 진행되는 청년 우대 정책에 대해 마녀사냥식 공세를 퍼붓는 등 반(反)청년 행보를 보여 비난을 샀다. 뒤늦게 신보라 의원이 청년 문제를 전담하는 청년청을 신설하는 법안을 발의했으니 앞으로 지켜볼 필요는 있다.* 보통 청년비례대표로 국회에 간 이들은 당이 어디든 무거운 책임감을 느끼고 그에 따른 활동을 한다. 그러니 청년비례대표 제도가 확대된다면 청년들의 삶이 더 나아지지 않겠는가.

침묵은 금이 아니다

정당의 비례대표 제도나 지역구의 청년 공천 외에는 청년의 정치 참여 방법이 없는 것일까? 꼭 그렇지는 않다. 청년들이 직접 후보자를 선택하면 된다. 청년 의식으로 무장한 젊은 후보를 추천하고, 비례대표 상위 순번으로 공천해 달라고 요청하자. 청년 후보로 마땅한 이가 없다면, 나이가 좀 많아도 청년층을 위해 일할 사람을 선택하면 된다. 그 후보를 공천한 당에 젊은이들의 몰표가 간다면, 이를 마다할 정당이 있을까? 물론 그렇게 하기 위해선 청년들의 연대가 확실해야 한다. 20대 선거를

* 신보라, 청년문제전담 '청년청' 신설 법안 발의, 〈이코노미톡뉴스〉, 2016년 12월 12일.

기준으로 할 때 24만 명이 1%니, 최소한 100만 표는 좌우할 수 있어야 말발이 선다. 이를 위해서는 정치를 통해 청년의 삶을 개선하자는 데 동의하는 이들이 한 군데 모여야 한다. 굳이 광장으로 나올 필요는 없다. 인터넷 사이트를 하나 개설하고, SNS를 통해 적극 홍보한다면 100만 명을 모으는 일은 그리 어렵지 않을 것이다. 회원 수가 100만 명이라고 해서 그들 모두가 동참하는 것은 아닐 테니, 200만 명 정도는 모아야 한다. 가능할까 싶겠지만, 지난 총선 때 19세가 68만 명, 20대가 669만 명이었으니 제대로 홍보만 된다면 그 정도 모으기란 일도 아니다.

개인적으로 청년대표로서 열심히 활동해 온 조성주 씨를 소개하고 싶다. 그는 특히 비정규직 문제에 관심이 많아 비정규직 청년 노동자를 대변하는 노동단체 '청년유니온'을 결성했다. 단체만 결성하고 아무것도 하지 않는 이도 많다지만, 그는 열심히 뛰었다. 그를 처음 알게 된 것은 소위 카페베네 사건이었다. 원래 노동자는 1주에 평균 1회의 유급 휴가를 줘야 하는데, 카페베네는 아르바이트 직원의 주휴수당을 한 번도 지급하지 않았다. 청년유니온은 해당 아르바이트 직원과 함께 소송을 진행해 밀린 수당을 받아 내는 성과를 거뒀다. 이 효과는 카페베네는 물론이고 그간 주휴수당을 주지 않았던 다른 커피 전문점들에게까지 전해졌다. 그 후 조성주 씨는 여러 가지 폐단이 많았던 '피자 30분 배달제' 폐지를 이끌어 내는 등 청년들의 편에 서서 싸우고 있다. 그가 2015년 진보정당의 당대표로 출마할 때 쓴 출마 선언문은 큰 화제가 됐는데, 다음 대목이 인상적이었다.

새로운 시선으로 현실을 냉정히 진단하고, '민주주의 밖의 시민'들을 대변해야 합니다. 양당 정치에 갇힌 한국 민주주의가 외면한 이들은 바로 공과금과 집세를 책상에 고이 놓아 두고 미안하다는 말을 남기고 생을 마감한 세 모녀이고, 쌀과 김치가 있으면 부탁한다는 쪽지를 남기고 세상을 떠난 젊은 작가이며, 수십 번의 취업 실패에 절망하며 외롭게 고시원에서 눈을 감아야 했던 청년입니다. …… 2세대 진보 정치가 이들을 대변하지 않는다면 이 비극적인 현실은 다음 세대의 거의 전부가 맞이할 미래입니다.

이런 정치인이 국회로 간다면 청년들은 자기를 위해 목소리를 내는 국회의원을 갖게 될 터. 조성주 씨는 진보정당 비례대표 6번에 공천됐다. 하지만 그 당이 얻은 정당 득표 수는 171만 표(7.2%)에 그쳤고, 이 득표로 얻을 수 있는 의석 수는 4명이었다. 만약에 그 당이 좀 더 앞선 순번에 그를 공천했다면 어땠을까? 만약에 청년들이 연합해서 진보정당에 표를 더 줬다면 어땠을까? 이 모든 '만약에'를 현실로 이끌 수 있는 사람, 고령화 사회에서 청년을 대변해 줄 수 있는 사람은 오직 청년들뿐이다. 더 이상 삶에서 소외되지 말자.

우리는 이미 이긴 경험이 있다

스펙보다 정치

차별과 구별에 익숙한 청년들

자신을 위해 싸워 줄 국회의원을 만드는 것이 청년들이 할 수 있는 전부는 아니다. 부당함과 맞서 싸우는 이들과 연대하는 것도 청년들의 삶을 개선하는 좋은 방법이다. 하지만 지금 청년들은 연대에 관심을 쏟기보다는 자신의 위치가 좀 더 낫다는 것을 증명하기 위한 차별과 구별에 더 힘을 쏟는 것 같다. 'KTX 승무원 비정규직 사태'를 예로 들어 보자. 2004년 1월, 개통을 앞둔 KTX는 여승무원 350명을 공개 채용했다. 파견 노동자 형식으로 뽑은 일종의 비정규직이었지만, 코레일은 이들에게 '2년

내 정규직 전환'을 약속했다. 하지만 코레일은 그 약속을 지키지 않았다. 그러자 승무원들은 파업에 돌입했고, 코레일은 지정된 날짜까지 업무에 복귀하지 않은 250명을 해고했다.

그 후 승무원들의 눈물겨운 투쟁이 시작됐다. 단식농성도 하고 쇠사슬로 몸을 묶은 채 연좌농성을 하기도 했다. 이도 저도 안 되자 이들이 기댄 것은 법이었다. 다들 알다시피 법은 약자가 아니라 강자의 이익을 대변하는 기구. 2008년부터 무려 7년여에 걸친 법적 투쟁은 결국 승무원들의 패소로 끝났다. 복직이 무산된 것은 물론이고 소송 비용과 코레일이 줬던 밀린 임금까지 토해 내야 했는데, 1인당 갚아야 할 돈은 무려 8천여만 원에 달했다. 이 결과에 좌절한 한 승무원이 세 살짜리 딸을 남겨 두고 자살하는 일까지 벌어졌지만, 우리 사회는 이 결과에 별 관심이 없었다. 사회학자 오찬호는 이 사태에 대한 대학생들의 생각이 궁금해 자신이 출강하는 대학의 학생들에게 여기에 대한 의견을 물었다. 맨 처음 학생의 답변은 의외였다.

"날로 정규직 되려고 하면 안 되잖아요!"*

처음부터 비정규직으로 알았고, 또 어려운 시험을 쳐서 합격한 것도 아니면서 어떻게 정규직을 넘보냐는 게 그의 주장이었다. 더 놀라운 사

* 오찬호, 《우리는 차별에 찬성합니다》, 개마고원, 2013년, 18쪽.

실은 다른 학생들도 이 의견에 동조했다는 점이다.

이들이 예외적인 것일까? 오찬호는 자신의 책에서 그게 그들만의 생각이 아니라고 주장하는데, 꼭 이 책이 아니더라도 지금의 대학생이 과거와 달라졌다는 증거는 차고 넘친다. 그들의 생각을 이해하기 어려운 것은 아니다. 과거의 대학생들은 대부분 원하는 곳에 취업할 수 있었다. 대학생의 수도 많지 않은 데다 경제가 호황이었으니, 학점이 별로 좋지 않은 졸업생이라도 데려가겠다는 기업이 줄을 섰다. 하지만 지금은 젊은이들의 80%가 대학에 간다. 성장은 둔화해 매년 그렇게 많은 신규 인력이 필요하지 않다. 대학생들이 대학의 낭만을 즐기기보단 학점을 관리하고 토익 점수를 올리는 등 소위 스펙을 쌓는 데 몰두하게 된 것은 좁아진 취업의 문턱을 넘기 위한 당연한 행동이었다. 이런 시대에 자신보다 열심히 하지 않은 이가 좋은 직장을 꿰차는 모습에 열받는 것은 당연하지만, 사고의 틀을 좀 바꿔 볼 필요가 있다. 물론 KTX 승무원들이 정규직이 되면 그 자리를 목표로 한 이들에게는 손해다. 하지만 멀리 봤을 때 약속이 지켜지는 풍토가 자리 잡는다면 대학생들에게도 나쁜 일이 아니다. 우리나라 청년들이 절망하는 이유는 정규직으로 대변되는 좋은 일자리가 줄어들기 때문이다. 이런 상황에서 KTX 승무원들의 정규직 전환은 하나의 이정표가 될 수 있다. 기업들이 정규직 전환을 피하려 2년마다 노동자를 해고하는 게 어려워진다는 얘기다. 지금은 비정규직이지만 2년만 버티면 정규직이 된다? 이게 당연한 상식으로 자리 잡는다면 청년들이 지금보다는 헬조선을 덜 외치지 않을까? 사정이 이렇다면 학생들을 비롯한 20대 청년들이 승무원들의 투쟁에 힘을 보탰어야 했다.

사회에 백기를 들다

이전에도 한국의 학벌 문화는 공고했지만, 지금은 대학의 서열화뿐만 아니라 입시 전형까지도 서열화되고 있다. 같은 대학이라 하더라도 과에 따라 서열을 만듦으로써 다른 과에 비해 상대적 우위를 점하려 한다. '과잠'이라고 약칭하는, 과에서 만든 잠바를 입고 다니는 학생들이 유난히 눈에 띄는 것도 다 이유가 있다.

자신은 엄청난 경쟁을 뚫고 이 학교에 들어왔는데, 자신보다 노력을 덜 하고 들어온 이가 있다면 화가 난다. 지역균형선발 전형이 그 예다. 이 입시 제도는 지역 간 교육 환경의 불균형 완화와 공정한 교육 기회를 제공한다는 취지로 도입됐다. 각 지역의 일반고에서 내신 성적이 우수한 학생을 추천받아 선발하니, 다른 학생들에 비해 경쟁이 덜한 편이다. 또한 가정 형편이 어려운 기초생활수급권자와 차상위계층 학생을 배려하여 실시하는 기회균등선발 전형이 있다. 진정한 평등이란 기회의 균등이란 점에서, 이 제도들은 우리 사회가 평등에 조금이라도 가깝게 가려는 노력이리라. 하지만 이들은 정시 전형으로 입학한 학생들로부터 차별의 대상이 된다. 다음 기사를 보자.

2013년 서울대는 일부 학생이 지역균형선발 전형으로 입학한 학생을 '지균충'으로 비하했다는 논란으로 한바탕 홍역을 치렀다. '지균충'이란 지역균형선발 전형으로 입학한 학생을 지칭하는 약자 '지균'에 '벌레'라는 의미의 '충(蟲)' 자를 붙여 비하하는 말이다. 학우를 '지균충'이라고 비하한 이들의 주장은 이렇다. '지역균형선발 전형으로 들어온 학생들은 능력과 실력이 떨어진다.' 또 지역균형선발 전형 입학자보다 수능 점수가 높은 정시일반 전형 지원자가 '실력'이 더 있는데도 탈락했기 때문에 형평성에 어긋난다는 것이다.*

지역균형선발로 들어온 학생들을 지균충이라 부르는 것처럼, 기회균등선발로 들어온 학생들은 기균충으로 무시된다. 서울대 측은 이들의 입학 후 학점이 정시로 들어온 학생들보다 더 높다는 점을 들어 그들의 주장이 틀렸다고 하지만, '구별 짓기'를 통해 우위를 점하려는 학생들에게 이런 통계는 별 효과가 없다.

앞서 보았듯 청년들은 사회적 불평등에 문제의식을 갖기보다는, 그 불평등의 결과로 매겨진 서열에 순응한다. 예를 들면 이런 식이다. 서울대에 정시로 합격한 학생은 남들 놀 때 공부해서 합격한 것이니 그러지 못한 '나'는 그들을 넘볼 생각을 하면 안 된다. 하지만 '나'는 서울대에 가진 못했을지언정 그 아래 위치한 대학에 갔으니, 나보다 입시 점수가

* '서울대 지균충' 비하는 틀렸다, 《시사저널》, 2016년 10월 13일.

낮은 대학에 진학한 '너'보다 더 나은 대우를 받아야 마땅하다. 얼핏 보면 일리가 있어 보이지만, 이는 현행 제도가 수도권에 사는 부유층에게 유리하다는 것에 의도적으로 눈을 감은 결과다. 다음 뉴스를 보자.

> 서울대 김세직, 류근관 교수는 서울의 자치구별로 부모의 소득, 학생의 지능 등을 토대로 학생 스스로의 잠재력을 산출했습니다. 이 잠재력을 이용해 서울대 합격률을 계산한 결과 합격률이 가장 높은 강남구와 가장 낮은 강북구의 차이가 1.7배에 불과했습니다. 그러나 실제 2014년 서울대 합격자 중 강남구 출신의 비율은 2.07%로 강북구의 0.11%보다 20배가량 높았습니다. 연구진은 학부모들의 소득을 비교한 결과, 수준에 따라 격차가 벌어져 있다는 사실을 밝혀냈습니다. 부모들의 경제력에 따라 합격률이 달라진다는 겁니다.*

그러니까 산출된 잠재력을 감안할 때 강남 학생이 강북 학생에 비해 1.7배 더 많이 서울대에 합격해야 정상이지만, 실제 결과는 20배나 차이가 났다. 이는 경제력이 작용한 결과라는 것이다. 이와 같은 결론을 내린 연구 결과는 수없이 많다. 돈이 많으면 자식이 공부를 더 잘하는 게 올바른 사회라는 데 동의하는가? 그렇지 않다면 불평등의 결과인 학벌을 가지고 서열을 매기는 것에 저항해야 마땅하다. 하지만 청년들은 그

* 학부모 소득 수준에 따라 서울대 합격률 달라진다, 〈JTBC 뉴스〉, 2016년 1월 7일.

렇게 하지 않는다. 왜 그럴까? 불이 났을 때 출구가 넓어서 다 탈출할 수 있다면 "당신이 먼저 나가세요"라며 배려하는 게 가능하지만, 출구가 좁아서 일부만 탈출이 가능하다면 배려고 뭐고 서로 나가려 할 것이다. 우리 청년들은 지금 상황이 후자라고 생각하기에, 미처 나오지 못한 이들에게 손을 내밀기보단 "그러게 미리 문 옆에 대기하고 있었어야지!"라며 조롱하는 것이다. 이렇게 기존 질서에 투항하다 보니 스스로에게 자존감을 갖기는 어렵다. "내가 취업을 못한 것은 내가 못난 탓이며, 이는 다른 사람을 원망할 일이 아니다. 이제라도 더 열심히 노력하자." 그래서 청년들은 열심히 취업 준비를 한다. 토익 점수가 890점이면 900점으로 올리고, 900점이면 910점으로 올리려 한다. 이 10점이 실제 업무에 얼마나 도움이 될지는 의문이지만 말이다.

〈내 깡패 같은 애인〉(김광식, 2010)이란 영화가 있다. 지방대라는 이유로 취업을 못하는 세진(정유미)이 조폭인 동철(박중훈)과 사귀면서 용기를 얻는 내용인데, 로맨틱코미디와 박중훈이 그다지 어울리지 않아서인지 총관객 수는 69만에 그쳤다. 이 영화는 상영 종료 후 오히려 사람들의 입에 오르내리며 '명작'이 됐다. 오래 간직하고 싶은 장면이 많아서인데, 두 개만 예를 들어 보자. 세진은 숱하게 면접을 보지만, 그녀가 지방대 출신이라는 사실에 이미 X표를 친 면접관들은 '춤을 춰 보라'는 식으로 그녀를 조롱하기만 할 뿐, 진지한 질문은 하지 않는다. 영화 마지막 장면, 세진은 동철의 도움으로 한 회사에서 면접을 본다. 면접관의 어떤 질문에도 능숙하게 답변하는 세진을 보며 면접관은 고개를 갸웃거린다. 학점도 좋고 자격도 충분한데 왜 다른 면접에서 번번이 떨어졌느냐고 묻는 면접관에게 세진은 이렇게 답한다. "지금까지는 아무도 이런 것을 물어보지 않았습니다." 이게 가슴을 찡하게 하는 대사라면, 동철이 세진을 위로하는 다음 대사는 정신을 번쩍 들게 만든다.

"우리나라 백수들은 참 착해요. 텔레비전에서 보니까 프랑스 백수들은 일자리 달라고 다 때려 부수고 개지랄을 떨던데, 우리나라 백수들은 다 지 탓인 줄 알아요. 정부가 잘못해서 그런 건데. 야, 너 취직 안 된다고 욕하고 그러지 마. 니 탓 아니니까 당당하게 살아. 힘내."

실제로 그럴까? 2010년 프랑스 사르코지(Nicolas Sarkozy) 정부는 퇴직 연령을 60세에서 62세로 연장했다. 그리고 65세부터 받기 시작하는 연금의 수령 연령을 67세로 높였다. 이에 수많은 이들이 거리로 나서서 사르코지를 규탄했다. 그중에는 일자리가 줄어들 것을 걱정한 대학생과 고교생도 있었다. 한 고교생은 다음과 같이 말했다. "사람들은 67살에 은퇴하길 원하지 않아요. 그렇게 되면 공부만 오래하고 일자리 찾기는 더 어려워질 겁니다."* 2016년에는 노동법 개정에 반대하는 시위가 프랑스 전역을 뒤덮었는데, 이에 관한 기사 일부를 보자.

* 고교생도 가세 …… 프랑스 연금개혁 반대시위 격화, 〈SBS 뉴스〉, 2010년 10월 19일.

해고 요건 완화, 초과 근무 연장 등을 담은 노동법 개정에 반대하는 시위가 9일 프랑스 전역에서 거세게 일어났다. 고등학생들도 시위에 동참하면서 100곳의 학교가 수업을 중단해야 했다. …… 올해 18살인 고등학생 알빈드는 "법안은 완전히 기만적"이라며 "우리는 내일의 노동자이며, 이 법안은 노동자를 돕는 것이 아니라 부자들에게 혜택을 주고 있다"라고 밝혔다.*

고교생이 일자리 문제에 대해 적극적으로 의사 표현을 하는 프랑스와 달리 우리나라는 취업을 목전에 둔 대학생도 거리로 나서지 않는다. 왜일까? 취업은 내가 못난 탓이지, 국가 탓이 아니라고 생각해서다.

박근혜 정부가 통과시키려고 했던 노동개혁법을 보자. 이 법안은 파견 근로를 확대하고 휴일 근로 시 노동자가 받는 수당을 줄이려 한다. 실업급여를 받는 것도 어렵게 만들어 놓았다. 하지만 내가 생각한 이 법안의 가장 큰 문제점은 기간제법이다. 기간제 근로자를 2년간만 고용할 수 있는 것이 기존 법이었다면, 새 기간제법은 이를 4년으로 늘린단다. 이 경우 기업들이 정규직을 뽑기보다는 기간제 근로자로 대체하려는 유혹을 느낄 수밖에 없다. 노동개혁법이라는 이름으로 사람들을 현혹시키려 하지만, 실상은 기업에게만 일방적으로 유리한 법안이다. 오죽하면 경제 5단체장이 '이 법안을 꼭 통과시켜 달라'고 수차례 회견을 가질까.

* 프랑스 전역 노동법 반대 시위 …… 고교생도 동참, 100곳 수업 중단 사태, 〈경향신문〉, 2016년 3월 10일.

프랑스에서 이런 법안이 발의됐다면 고교생은 물론이고 초등학생까지 거리로 나왔을 것이다. 그런데 박근혜 전 대통령이 "피를 토하는 심정으로 입법을 추진하라"고 연일 촉구하는 와중에, 우리나라의 거리는 너무도 조용했다. 기업과 정부에 순응만 하다 보니 이제 싸우는 방법을 잊어버린 것일까?

등록금 투쟁, 청년의 성취

일자리가 부족한 사회에서 나 혼자라도 열심히 준비해 취업의 문을 통과하겠다는데 뭐라고 할 수는 없다. 하지만 그럴수록 취업의 문은 점점 더 좁아진다. 임금을 줄여 이익을 내는 데 재미를 붙인 기업들이 정규직 비중을 점점 더 줄일 것이기 때문이다. 그렇다면 방법은 없을까. 있다. 여기에 맞서 싸우면 된다. 물론 막강한 기업에 비해 개개인의 힘은 미약하다. 혼자 나가서 1인 시위를 해 봤자 아무도 눈여겨봐 주지 않는다. 하지만 그 숫자가 수만, 수십만이 된다면, 그때는 해 볼 만한 싸움이 된다.

청년들은 이미 싸움에서 이겨 본 경험이 있다. 바로 등록금 투쟁이다. 1990년대 후반부터 시작된 등록금 투쟁은 날이 갈수록 그 세를 확장해 나갔다. 대학생들의 목소리가 높아지자 결국 교육부가 나섰다. 교육부는 대학에 등록금을 올리지 말라고 요구했고, 이를 거부할 경우 대학이 뽑을 수 있는 신입생 숫자를 줄여 버렸다. 등록금을 올려서 얻는 이익보다 신입생 감축으로 인한 손해가 더 커지니 대학들이 등록금을 올리기란 불가능해졌다. 이명박 정부는—물론 지키지는 않았지만—대통령 중 처음으로 반값 등록금을 공약으로 내걸었다. 내가 몸담은 대학만 해도 2007년 이후 등록금을 올리지 못하고 있다. 최소한 물가 상승률만큼은 올려야 월급도 올려 주고 신규 교원도 뽑을 수 있지만, 최근 몇 년간 우리 대학의 등록금 인상률은 거의 0%에 가깝다. 다른 대학도 크게 다를 바 없어, 대학들은 어떻게 하면 돈을 마련할지 골머리를 앓고 있다. 물가 인상률보다도 낮은 등록금 인상률, 이는 자본주의를 부정하는 행동일 수 있다. 이 상황이 어떻게 가능했을까? 오랜 기간 대학생들이 모여서 목소리를 낸 결과다. 여럿이 힘을 합치면 반자본주의적인 일도 가능하다는 얘기다.

이 에너지를 다른 일에도 쓰면 어떨까? 취업의 좁은 문을 혼자만 통과하려고 애쓰지 말고, 여럿이 힘을 합쳐 그 문을 넓히자. 어떻게 그럴 수 있느냐고? 정부에, 그리고 기업에, 좋은 일자리를 많이 만들라고 끊임없이 요구하는 것이다. 어떤 기업이 2년간 비정규직으로 고용했다가 정규직으로 전환하지 않으려 해고한다면 그 기업의 제품을 불매운동하고, 어떤 기업이 정규직을 많이 채용하면 그 기업의 물건을 사 주는 운동을 벌이면 어떨까? 이 싸움에는 돌과 화염병이 필요하지 않다. 그저 대의에 공감하는 이들이 많으면 된다. 총대학생 수가 300만 명이 넘으니 이 숫자를 이용하면 뭐든 할 수 있을 텐데, 그럼에도 불구하고 아무것도 하지 않는다는 것은 어찌 보면 청년들의 직무유기다.

이주 오래전, 물속에 살던 연가시는 장구벌레를 통해 육지로 나와 곤충의 기생충이 됐다. 육지 구경을 하는 데 성공하긴 했지만, 연가시는 물속에서만 짝짓기를 하고 알을 낳을 수 있었다. 즉 곤충의 몸에 있는 연가시는 어떻게 하든지 다시 물로 돌아와야 했다. 이 문제를 해결하지 못하면 연가시는 멸종한다. 수많은 연가시가 물로 가지 못한 채 죽어 갔다. 연가시들은 모여서 머리를 맞댔고, 결국 방법을 찾아냈다. 곤충으로 하여금 갈증을 느끼게 하는 단백질을 분비하는 것이다. 연가시는 멸종 위기를 피했고, 지금도 잘 살고 있다. 우리 청년들은 지금 어려운 처지에 놓여 있다. 하지만 아무리 어려워도 어떻게 물로 가야 할지 고민했던 연가시만큼 어려울까? 설사 그렇다 해도, 연가시가 한 일을 만물의 영장인 우리가 못할 리는 없다. 일단 모여서 머리를 맞대고 이야기하자. 그리고 해법을 찾아내자. 청년들의 능력이라면 내가 써 놓은 것보다 훨씬 더 좋은 해법을 찾아낼 수 있을 것이다. 어렵다고 혼자만 탄식하지 말고, 모여서 큰 목소리로 외치자. 정말 어려워 죽겠다고 말이다.

못난 동생을 껴안을 수는 없을까?

개성공단과 통일

개성공단 폐쇄는 박근혜 전 대통령의 업적?

2016년에 들어서자마자 결정된 개성공단 폐쇄 조치는 한국 사회의 단면을 명확하게 보여 준다. 이 문제가 정확히 어떻게 진행되었고, 결과는 어떠했는지 제대로 알고 있는 사람은 드물다. 누군가 견해를 가진다 해도 쉽게 말하긴 힘들었을 것이다. 북한에 대해 말하는 순간 종북이 될까 봐, 아니 종북으로 몰리고 싶지 않아 북한 자체에 관심조차 두지 않는 사람들이 많았다. 아무도 몰랐기에 이 일은 "통일은 대박"이라고 외친 박근혜 전 대통령의 계획 중 하나로 여겨졌고, 결과적으로 대통령의 업적으로 남게 됐다.

통합진보당 해산이나 전교조 법외노조화 같은 일들을 대표적인 업적으로 드는 사람도 있지만, 법원이 한 일을 박근혜 전 대통령의 업적이라 하긴 좀 쑥스러우니 개성공단 폐쇄를 대표적 업적으로 꼽는 경우가 더 많은 듯하다. 원래 업적이란 단어 자체에 뭔가를 쌓는다는 뜻이 내포돼 있다. 예컨대 '1인당 GDP 1만 달러 달성', '중학교까지 무상교육 실시', '복지 확충' 등 긍정적인 가치를 구현했을 때 '업적'이라 한다. 하지만 개성공단 폐쇄는 이미 있던 것을 없앤 일인데, 이런 일을 대표적 업적이라 칭하는 것은 박근혜 전 대통령이 그만큼 업적이 없다는 뜻이기도 하다.

개성공단이 폐쇄된 뒤 리얼미터가 시행한 여론조사 결과에서는 잘한 일(47.5%)이라는 대답이 잘못한 일(44.3%)보다 더 많았다.* 민심은 천심이라는 말이 진실이라면 개성공단은—비록 근소한 차이긴 하지만—폐쇄되는 게 맞다. 그러나 이 여론조사 결과를 가만히 들여다보면 무언가 문제가 있음을 발견하게 된다. 나머지 응답자인 8.2%는 '잘 모름'이라고 답했다. 이들 중 일부만 찬성했다면 찬성이 더 많아질 것 아니냐, 이런 얘기를 하려는 게 아니다. 감히 단언하건대 여론조사 응답자들 중 가장 솔직하게 답한 이들은 '잘 모름'을 선택한 경우일 것이다. 박근혜 전 대통령의 개성공단 폐쇄를 찬성한 사람들은 노무현 전 대통령이 같은 일을 했어도 찬성했을까? 반대한 사람 중 노무현 전 대통령이 했다면

* ['선거의 여왕' 박근혜 대통령 승부수] 루비콘강 건넌 대북 문제, 총선 관통할까, 《시사위크》, 2016년 2월 12일.

여전히 반대할 경우는 얼마나 될까? 누가 폐쇄했는지에 따라 결과가 달라질 가능성이 농후한 여론조사라면 이는 개성공단의 실상에 대해 제대로 아는 사람들이 거의 없으면서, 자신의 정치적 선호에 따라 찬성과 반대를 했다는 말은 아닐까? 둘 다 모른다 해도 모르면서 찬성한 쪽이 더 아쉬운 것은 어쩔 수 없다. 박근혜 전 대통령이 옳은 결정을 할 확률이 극히 낮다는 것을 고려한다면, 무조건 반대를 하는 게 맞지 않았을까?

박근혜 전 대통령은 개성공단을 폐쇄하면서 다음과 같은 논리를 폈다. '개성공단에서 벌어들이는 돈이 북한의 핵과 미사일을 개발하는 비용으로 흘러든다.' 실제로 북한은 2016년 1월 6일 4차 핵 실험을 강행했고, 같은 해 2월 7일에는 하와이까지 도달할 수 있는 장거리 로켓 발사에 성공했다. 우리가 돈을 줘서 오히려 안보가 불안해진다면 상식적으로 돈 주는 것을 중단해야 한다. 논리는 명쾌하지만 현실은 다르다. 개성공단 폐쇄는 우리나라 입장에서 득보다 실이 많다. 개성공단으로 북한이 번 돈이 핵 개발에 쓰였다는 증거도 없거니와, 폐쇄로 인해 우리나라 기업들이 입은 손해가 이만저만이 아니기 때문이다.

평화를 유지하기 위한 남북의 약속

개성공단이 세워져 물건을 만들기 시작한 것은 2004년이었다. 원래는 100만 평으로 시작해 점차 확대해 나가서 2천만 평에 이르는 거대 도시를 만들기로 했지만, 이명박 정부가 들어선 이후 기존 계획이 모두 중단됐다. 그래서 개성공단이 폐쇄되던 2016년에도 1단계 계획이던 100만 평 대지의 절반 정도에 124개의 기업이 들어서 있었을 뿐이다. 개성공단이 북한 땅에 만들어진 이유는 남과 북이 평화를 정착시키고 통일을 향해 나아간다는 굳은 약속이 있었기 때문이기에 그 폐쇄가 더 아쉽다. 북한 땅에 커다란 공단이 있다면 남북이 전쟁을 하는 데 걸림돌이 되지 않겠는가? 우리는 김정일을 여자만 밝히는 독재자로 알지만, 개성공단에 대한 그의 열광은 상상을 넘어섰다. 공단을 위해 김정일은 개성에 있던 군대를 5~10킬로미터 뒤로 후퇴시키는 데 동의했다. 놀라운 것은 그다음이었다. 원래 개성공단에서 일하는 북측 근로자들의 임금은 200달러 정도로 책정하려고 했다. 그런데 김정일은 그 액수를 4분의 1인 50달러로 줄였다. 왜 그랬을까? 개성공단이 잘 정착하려면 입주한 남측 기업들이 돈을 많이 벌어야 한다는 게 그의 생각이었다. 중국이나 러시아에서 일하는 북한 근로자들이 평균 300달러를 벌고, 중동에 나간 이들은 1천 달러까지 버는 것을 감안하면, 월 50달러는 정말 파격적이다.*

개성공단에 입주한 기업들은 섬유 58%를 비롯해 전기전자, 기계금속, 화학 등 값싼 노동력을 필요로 하는 업종이 대부분이었다. 알다시피 이 업종들은 70년대 우리나라의 주력 산업이었다가 임금 상승으로 인해 사양 산업이 되었다. 하지만 근로자들에게 월 5만 원가량을 주고 일

---

* 김진향 외, 《개성공단 사람들》, 내일을 여는 책, 2015년, 57~58쪽.

을 시킬 수 있다면, 그리고 그 근로자들이 다 우리말을 사용해서 소통에 문제가 없다면, 기업들은 너도나도 그 공단에 가려고 할 것이다. 심지어 북측은 공단 땅 100만 평에 대해 지대도 받지 않았다. 그래서 어떻게 됐을까? 입주한 기업들은 대다수가 높은 수익을 거뒀다. 통일부 자료에 의하면 개성공단을 통해 북한에 들어간 돈은 1억 1천만 달러(약 1,328억 원)인 반면, 남한 입주 기업들의 매출액은 5억 1,549억 달러(6,227억 원)로, 북한 수익의 5배 규모였다.* 사정이 이러니 폐쇄에 따른 손해도 당연히 남측이 더 컸다. 〈경향신문〉에 따르면 남한이 3조 9,429억 원, 북한이 4,534억 원의 피해를 봤단다.** 폐쇄 결정이 났을 때 입주 기업들이 패닉 상태에 빠진 것은 당연했다. 개성공단에서 우리가 얻는 이익이 더 크다는 사실은 이 자료만 봐도 잘 알 수 있다. 개성공단이 폐쇄된 후 다시 열릴 기미가 보이지 않고 정부의 태도가 완강하자, 기업들은 폐쇄를 하더라도 개성공단에 놓아둔 장비들을 챙겨 올 수 있게 2~3일만 시간을 달라고 했다. 하지만 우리 정부는 그 제안을 거절했고, 피해 보상도 거의 해 주지 않았다. 피해 보상을 요구하는 기업들에게 정부가 한 말은 다음과 같았다. "대출을 받아서 메우세요."

폐쇄에 찬성하는 사람들은 이렇게 말할 것이다. "우리가 개성공단에서 수익을 더 많이 낸다고 치자. 그래도 북한 역시 이익이 남을 것이며, 그 이익이 핵과 미사일 개발로 가는 것은 사실이지 않느냐? 이것만 봐

---

* [개성공단 폐쇄 이후] 공단 폐쇄 피해 …… 남 3조 9,429억, 북 4,534억, 〈경향신문〉, 2016년 2월 14일.

** 같은 글.

도 폐쇄 결정은 옳다." 실제로 홍용표 통일부 장관은 "북한의 개성공단 수익의 70%가 당 서기실 39호실에 상납되고, 이 돈은 핵이나 미사일 개발에 쓰인다"라고 말한 바 있다.* 39호실은 비자금을 관리하는 곳으로 알려져 있다. 하지만 홍용표 장관은 이를 뒷받침할 증거는 없다고 했다. 왜 증거가 없을까? 둘 중 하나다. 첫째, 핵 개발에 쓰인다는 사실을 알면서도 계속 돈을 주는 것은 UN 안보리 결의 위반이 되니, 증거가 있다고 하면 안 된다. 둘째, 홍용표 장관이 청와대의 결정을 뒷받침하기 위해 사실이 아닌 이야기를 한 것이다. 후자일 확률이 높은데, 우리 통일부가 UN 안보리 결의 위반을 알아차릴 만큼 섬세한 조직은 아니기 때문이다. 게다가 통일부는 개성공단 폐쇄를 사전에 알지 못했다.** 개성공단에 관한 주무 부서 중 하나인 통일부가 이 사실을 몰랐다는 게 쑥스러우니, 아무 말이나 막 던진 것은 아닐까? 야당의 한 의원에 따르면 39호실은 2012년에 없어졌다고 하는데, 이런 정황으로 미루어 보면 통일부는 개성공단 폐쇄에 있어서 뒷수습 역할만 일부 담당한 듯하다.

개성공단 사람들이 들려주는 진짜 이야기

개성공단 이익금은 정말 핵 개발에 쓰였을까? 김진향 씨와 여러 저자가

* 홍용표 오락가락 발언 "개성공단 자금 70% 北 당국 유입 파악 …… 확증 없다", 〈국민일보〉, 2016년 2월 15일.

** 개성공단 폐쇄 배후 밝혀라, 〈내일신문〉, 2016년 11월 11일.

함께 쓴 《개성공단 사람들》에 의하면 그것은 가능하지 않단다. 노동 보수의 30%는 정부로부터 무상교육·무상의료를 받는 대가로 공제됐고, 나머지 70%는 노동자들에게 지급됐는데, 대개는 상품공급권으로 준다고 한다. "상품공급권은 쌀, 밀가루, 채소 등의 식료품과 생활용품으로 교환할 수 있다."(59쪽) 이 이야기에 신빙성이 있는 이유는 저자 중 한 명인 김진향 씨가 실제 개성공단에 오래 머물렀기 때문이다. 나는 이분을 〈김어준의 파파이스〉라는 팟캐스트를 통해 알았는데, 그때 이야기를 들으며 내내 정신적 충격을 받았다. 내가 개성공단에 대해 아는 게 하나도 없었다는 자각 때문이었다. 어찌 보면 기생충 학자인 나는 개성공단을 몰라도 된다. 하지만 대북 정책을 담당하는 관료와 대통령은 개성공단에 대해 속속들이 알아야 한다. 김진향 씨는 이렇게 말한다. 우리 정부가 개성공단을 전혀 모른다고. 그러니까 수익금이 핵 개발에 쓰인다는 말을 하는 거라고.

김진향 씨의 설명에도 반론을 제기하는 사람이 있을 것이다. "임금의 70%가 상품권으로 노동자에게 지급된다지만 나머지 30%는 정부가 가져간다. 그 돈이 핵 개발에 쓰이지 않는다고 누가 장담할 수 있을까?" 타당한 반론 같지만, 이건 내 수준에서도 반박이 가능하다. 현재 북한의 상황은 이렇다.

❶ 북한은 체제 유지를 위해 핵 개발에 혈안이 되어 있다.

❷ 핵 개발에는 돈이 드니, 북한은 버는 돈의 상당 부분을 핵 개발에

사용한다.

❸ 북한은 매우 잔인한 독재체제다. 따라서 국민들이 굶주리는 것도 개의치 않고 핵 개발을 추진한다.

이 논리대로라면 북한은 개성공단이 있으나 없으나 무조건 핵 개발을 추진한다. 그런데 개성공단으로 인해 노동자들이 돈을 번다면, 그들은 굶주리지 않을 수 있다! 혹시 이게 궤변이라고 여겨진다면 다음 상황을 보자. 김대중 대통령 시절 우리 정부가 북한에 쌀을 보낸 적이 있다. 그러자 〈조선일보〉가 '그 쌀이 군량미가 된다'며 쌀 지원을 반대했다. 그때 북한 전문가가 라디오에 나와 이렇게 얘기했다.

"북한은 군사국가입니다. 쌀이 생기면 일단 군량미로 쓸 만큼은 챙긴 뒤 나머지를 국민들에게 나눠 줍니다. 그런데 우리가 쌀을 주면 어떻게 될까요? 북한 주민들에게 가는 거죠."

우리 쌀을 군대에 주고, 군대로 갈 쌀을 주민들에게 나눠 줄 수 있다. 그거나 저거나 도대체 무슨 차이가 있겠는가? 어떤 경우라도 군대에 쌀이 간다는 사실은 변함없는데 말이다. 핵 개발도 마찬가지다. 개성공단으로 수익이 나니 '핵 개발이나 할까?' 이러는 게 아니라 개성공단이 없어도 어차피 핵 개발은 하는데, 이걸 '개성공단 때문에 핵 개발을 한다'라고 말할 수 있을까?

하지만 정부는 우리 기업의 손해를 감수하면서 개성공단을 폐쇄했다. 그럼 북한은 핵 개발을 못 하게 된 것일까? 그렇게 생각할 사람은 아마 없을 것이다. 오히려 월 5만 원짜리 개성공단에서 일하던 노동자들이 중국이나 러시아로 가서 월 30만 원을 번다면 정부가 챙기는 돈은 훨씬 더 많아진다. 이 논리는 김대중, 노무현 전 대통령들에게도 적용된다. 이들이 햇볕정책으로 북한을 경제적으로 지원했기 때문에 북한이 핵을 만들었다고 주장하는 사람들이 굉장히 많다. 다음은 김대중 전 대통령과 핵을 검색어로 입력하면 나오는 말이다.

> "퍼 주기로 북한이 핵을 개발하게 해 준 김대중은 부관참시하고 후손들은 총살시켜야 합니다."

이렇게 '김대중'이라는 단어만 나오면 격해질 게 아니라, 다음과 같은 점을 따져 보자.

❶ 김대중이 대통령이 되기 전에도 북한은 핵을 만들었다. 1994년 북한 핵 개발 사태는 한반도를 전쟁으로 몰아갈 뻔했다.

❷ 김대중·노무현 정부 이후에도 북한은 핵을 만든다. '그때 모은 돈으로 핵 개발을 한다'라고 하겠지만, 노무현 대통령의 임기가 끝난 지 10년이 됐는데 아직도 그들 때문에 핵 개발을 한다고 우기는 것은 이치에 맞지 않다.

③ 핵 개발은 돈의 문제가 아니라 의지의 문제다. 북한은 한 번도 그 의지를 버린 적이 없다. 왜? 핵만이 자신들의 체제를 보장할 수 있다고 믿으니까. 그러니까 북한이 핵 개발을 못 하게 하려면 우리나라가 관계 당사국들과 머리를 맞대고 논의를 해야지, 돈줄을 끊는다고 되는 일은 아니다.

적대적 공생은 이제 그만

우리는 스스로 독립을 못한 대가로 분단의 아픔을 겪었다. 북한은 지지리 가난한 데다 도무지 이해할 수 없는 행동으로 우리를 당혹스럽게 하지만, 그래도 같은 언어를 쓰는 한 민족이다. 물론 한 민족이라고 해서 꼭 한 나라로 살아야 한다는 법은 없다. 하지만 북한과 우리가 통일을 한다면 유리한 점이 있다.

① 우리나라가 대륙과 직접 이어진다. 기차를 타고 아시아와 유럽으로 나가는 게 가능하다!
② 인구가 약 7천만 명 정도 되면(물론 더 늘어날 소지가 있다), 내수만 가지고도 경제가 어느 정도 돌아갈 수 있다.
③ 한반도에 평화가 찾아와 투자가 늘어나고, 관광객도 증가한다.

어릴 적 나는 통일은 꼭 해야만 하는 것으로 배웠다. "우리의 소원은 통일"이란 노래도 불렀다. 그때만 해도 나는 북한이 좀 삐딱한 게 문제일 뿐, 대한민국이 북한을 다독여 가며 통일을 하게 될 줄 알았다. 나이 들어 알게 된 대한민국은 전혀 그렇지 않았다. 서로가 상대의 존재를 빌미로 독재를 하는, 소위 적대적 공생이 양쪽 나라 모두에서 벌어지고 있었다. 좀 더 잘산다고 해서 우리나라가 마음이 넓은 것도 아니었다. 많은 이들이 북한을 통일의 대상이 아닌 증오의 대상으로 여겼다. 물론 여기에는 북한의 책임이 더 크다. 김일성이 6·25를 일으키지만 않았던들, 북한에 대한 우리의 시선은 조금은 더 따뜻했을 것이다. 하지만 언제까지 과거에 얽매여 있을 수는 없다. 체제 경쟁에서 승리한 우리가 마음을 좀 넓게 쓰고, 북한을 통일로 이끌 수는 없을까?

"나는 헌법을 준수하고 국가를 보위하며 조국의 평화적 통일과 국민의 자유와 복리의 증진 및 민족문화의 창달에 노력하여 대통령으로서의 직책을 성실히 수행할 것을 국민 앞에 엄숙히 선서합니다."

2013년 2월, 박근혜 전 대통령이 취임식에서 한 말이다. 그는 자신이 한 말 중 어느 것도 지키지 않았다. 헌법을 준수하는 대신 비선에게 국정을 갖다 바쳤고, 세월호가 침몰하는 동안 코빼기도 보이지 않는 직무유기를 저질렀다. 국민에게 자유를 주는 대신 블랙리스트를 만들었다. 그렇다고 조국의 평화적 통일을 위해 노력한 것도 아니었다. 드레스

덴에서 "통일은 대박이다"라는, 대통령이 하기에는 좀 수준이 낮은 발언을 한 일이 그가 했던 노력의 전부였다. 김대중 정부는 화해와 포용이 중심이 된 햇볕정책으로 북한을 변화시키려 했다. 노무현 정부에서도 햇볕정책은 상당 부분 계승됐다. 이게 완전히 성공적이었다고 말할 수는 없어도, 그 후 보수정권에서 북한과의 관계가 파행에 이른 것을 보면, 햇볕정책이 보다 나은 선택이었던 것 같다. 천안함과 연평도 사건에서 보듯 이명박 정부 때의 남북 관계는 그다지 좋지 않았다. 그리고 박근혜 정부는 북한과의 소통의 끈을 모두 끊어 버렸다. 마지막 보루라 할 개성공단까지 폐쇄했으니, 당근은커녕 채찍 하나도 남지 않았다. 북한이 목함지뢰로 도발을 했을 때 우리의 대응은 대북 확성기 방송이 고작이었다.

그럼에도 그가 대북 관계를 흔들림 없이 잘했다고 보는 시각도 있다. 박사모처럼 극단적인 집단이 아닌 경우에도 그랬다. 이유가 무엇일까? 북한이란 얘기만 나오면 반사적으로 격분하는 사람들이 있는데, 이들은 북한에 지원을 안 하면 무조건 잘했다고 본다. '퍼 주기'라고 비난하는 것도 같은 맥락이다. 하지만 우리가 통일을 지향한다면, 북한에 대한 지원은 반드시 필요한 일이다. 경제 수준이 어느 정도 비슷해져야 통일 후 후유증이 없지 않겠는가? 서울대학교 교수를 지냈고 《선진 통일 전략》을 쓴 고 박세일 선생의 말을 들어 보자.

"일반적으로 통일 비용은 두 부분으로 나누어집니다. 하나는 긴급

구호 비용이고 다른 하나는 남한과 북한의 경제적 차이를 줄이는 데 드는 비용입니다. 전자는 사실 얼마 안 됩니다. 문제는 후자인데 이것은 통일 비용이 아니라 '통일 투자'입니다. 북한의 경제 발전을 위한 투자죠."*

김대중·노무현 정부 때만 북한에 마구 퍼 주기를 한 것 같지만, 북한에 지원을 하지 않은 정권은 없었다. 2010년 당시 한나라당 윤상현 의원이 통일부로부터 제출받은 자료를 보면 북한에 대한 지원금은 일반적인 통념과 달랐다.

김영삼 정부 : 4조 원

김대중 정부 : 1조 5천억 원

노무현 정부 : 1조 6천억 원

이명박 정부(2008년 3월부터 2009년 6월까지) : 8,600억 원**

김영삼 정부 때에 비하면 김대중·노무현 정부의 지원액은 초라하게 느껴질 정도다. 이유는 있다. 북한이 핵확산금지조약(NPT)을 탈퇴하고 핵을 만들겠다고 난리 치던 1994년, 미국은 북한이 핵을 만들지 않는 조건으로 경수로를 지어 주기로 했는데, 그 비용을 한국이 부담하게 해서

---

* 박세일 교수의 격정 토로, "통일 이루지 못하면 중국 변방국으로 회귀", 〈조선Pub〉, 2013년 12월 10일.

** 역대 정권별 대북지원금 변천사, 〈일요시사〉, 2016년 2월 23일.

김영삼 정부 시절의 지원액이 가장 크다. 그런데 여기서 주목해야 할 점은 이명박 정부의 지원액도 상당히 많다는 것이다. 불과 1년 3개월 동안 8,600억 원을 줬다. 물론 천안함 사건이 나는 2010년 이후에는 지원을 거의 하지 않았지만, 김대중·노무현 정권만 퍼 주기라고 물고 늘어지는 것은 문제가 있지 않을까?

민주주의 국가에서 정부는 여론을 아예 무시할 수 없다. 김대중 전 대통령처럼 자신이 옳다고 생각하는 방향으로 국민들을 이끌 수도 있지만, 대체로 국민 여론을 살펴서 정책을 편다. 우리가 집권한 지 10년이 지난 지금도 김대중·노무현 정부 시절을 퍼 주기로 매도한다면, 누가 대통령이 된다 해도 대북 지원을 필요한 만큼 하긴 어렵다. 또한 우리 대부분이 통일에 대해 부정적이라면, 대통령이 통일을 위해 애쓰려 하지 않을 것이다. 남북한이 증오와 적대로 살아온 지 벌써 70여 년이다. 통일이 우리에게 주는 이익이 훨씬 많다는데, 이제는 증오와 적대의 세월을 청산하고 통일로 나아갈 때가 되지 않았을까? 북한은 경제력은 물론이고 군사력으로 봐도 우리보다 훨씬 떨어지는 안타까운 나라다. '북한'이란 단어에 알레르기 반응을 보이는 것은 이제 그만하자. 말 안 듣는 못난 동생을 포용하고 손을 내밀자. 우리가 이런 마음을 갖는다면, 정권이 교체됨에 따라 대북 정책이 극에서 극을 오가는 비극은 없어질 것이다.

배트맨 대 슈퍼맨, 누가 이길까?

전국민의 노조화

슈퍼히어로도 급이 있다

〈배트맨 대 슈퍼맨〉(잭 스나이더, 2016)이란 영화가 있다. 말 그대로 배트맨과 슈퍼맨이 싸우는 내용이다. 둘 다 정의를 지키는 슈퍼히어로인데, 왜 싸우는지 도저히 이해가 가지 않았다. 싸우는 이유를 알아보기 위해 포털에 나온 줄거리를 훑어봤더니 이렇게 적혀 있었다.

> 배트맨은 그동안 타락했던 많은 자들처럼 슈퍼맨 역시 언젠가 타락할 것이라 생각하며 사회에서 가장 위험한 존재로 여긴다. 세계의

미래를 위해 무모하고 제어할 수 없는 힘을 가진 슈퍼맨으로 인해 벌어졌던 일들을 바로잡으려 하는데…….

완전히 이해하긴 어렵지만, "무모하고 제어할 수 없는 힘을 가진 슈퍼맨으로 인해 벌어졌던 일을 바로잡으려 한다"라는 대의에 공감한다고 치자. 그래도 문제는 남는다. 정말 슈퍼맨이 정의와 멀어진다면, 배트맨이 어떻게 슈퍼맨을 말릴 수 있을까? 영화 포스터에서는 두 영웅이 금방이라도 싸울 포즈를 취하고 있지만, 배트맨은 처음부터 슈퍼맨의 상대가 될 수 없다. 배트맨은 싸움 잘하고 돈이 많은 인간에 불과한 반면, 슈퍼맨은 태생 자체가 인간이 아니니까.

슈퍼맨은 하늘을 날며, 힘도 인간의 수준이 아니다. 지구에서 태어나지도 않았다. 눈에서는 레이저가 나가고, 그의 주먹은 능히 건물을 부순다. 그뿐인가? 어떤 총알도 그의 피부를 뚫지 못한다. 1970년대 영화 〈슈퍼맨 1〉(리처드 도너, 1978)에는 더한 장면이 나온다. 슈퍼맨이 짝사랑하는 여주인공이 죽자 슬픔에 잠긴 슈퍼맨은 지구 주위를 돌기 시작하는데, 속도가 점점 빨라진다. 그때 슈퍼맨의 아버지가 나타나 그러면 안 된다고 호통을 친다. 하지만 슈퍼맨의 귀에는 그 어떤 것도 들어오지 않는다. 속도가 광속보다 빨라지자 시간이 거꾸로 흐르기 시작하고, 여주인공도 살아 돌아온다. 이 정도면 신적 존재 아닌가? 배트맨도 잘나가는 웨인 그룹의 소유자에다가 태생이 재벌 2세여서 좋은 장비를 원하는 만큼 살 수 있다지만 그래도 슈퍼맨에 비하면 초라하다. 슈퍼맨은 그냥 날아다니지만, 배트맨은 차도 만들고, 비행기도 만들고 때때로 장비를 수리해야 하는 등, 슈퍼히어로의 위치를 유지하기 위해 무척 할 일이 많다. 물론 슈퍼맨에게도 약점은 있다. 슈퍼맨은 크립토나이트를 쬐면 꼼짝을 못 한다. 크립토나이트는 슈퍼맨의 출생지인 크립톤 행성의 핵을 이루는 광석인데, 여기서 방사능이 나온단다. 다른 악당들도 다 이 약점을 공략했는데, 〈배트맨 대 슈퍼맨〉에서도 배트맨은 크립토나이트를 사용해 결국 슈퍼맨을 이긴다고 한다. 만일 크립토나이트를 구하지 못했다면 어떨까? 결과는 불을 보듯 뻔하다. 하지만 배트맨이 한 명이 아니라 1만 명쯤 된다면? 그래도 당연히 슈퍼맨이 이긴다. 한 가지 확실한 점은 슈퍼맨이 한 명의 배트맨을 상대할 때보다 조금은 고전한다는 것이다.

슈퍼맨을 능가하는 한국의 경영자

노동자와 경영자가 일대일로 싸운다고 해보자. 경제학 책에서야 노동자는 자신의 노동을 팔고, 경영자는 그 노동을 구매해 부가이익을 창출하기에 평등한 관계라지만, 우리가 살아 본 실상은 전혀 다르다. 이것은 100% 경영자가 유리한 게임이다. 노동자가 그 어떤 요구를 해도 경영자가 묵살한다면 어쩔 수 없다. 노동자가 굴하지 않고 경영자와 열심히 싸운다면? 경영자는 노동자를 그냥 해고하면 된다. 하지만 경영자가 노동자 한두 명이 아니라 1만 명의 노동자와 싸운다면? 당연히 노동자가 이길 것 같지만, 그렇지 않다. 이 경우에도 경영자가 이긴다. 그럼 경영자는 항상 이기기만 할까? 슈퍼맨에게 크립토나이트라는 약점이 있듯이 경영자 역시 '법'이라는 나름의 약점을 가지고 있다. 이 법 때문에 노동자들에게 부당한 대우를 할 수가 없기 때문이다. 즉 노동자들의 요구가 정당하다면 '노동자 대 경영자'는 해 볼 만한 승부가 된다.

그런데 이것은 우리나라가 아니라 다른 선진국들에만 해당한다. 이 나라에서 경영자는 슈퍼맨보다 훨씬 더 강한 존재다. 한마디로 약점이 없다. 슈퍼맨을 막을 크립토나이트가 되어야 할 법은 거꾸로 노동자들을 공격한다. 사전에 신고를 마친 정당한 파업을 불법 파업으로 판결하는 일도 흔하지만, 파업 기간 중 회사 측이 입은 손실을 노동자가 물게 하는 손해배상과 가압류(이하 손배가압류)는 법에 의한 노동자 공격의 정점이다. 2009년 쌍용자동차 노동자들은 구조조정을 반대하며 77일간 파업을 했다. 여기에 대해 회사 측은 손해배상 청구 소송을 냈고, 법원은 46억 원의 배상 판결을 내렸다. 노동조합이 물어야 한다지만, 그들이 아무리 일해 돈을 벌어도 이 배상금을 갚기는 어렵다. 양형근 쌍용자동차지부 정책실장의 경우를 보자. 그는 쌍용자동차에서 20년간 일했지만, 그의 퇴직금은 모두 가압류됐다. 살고 있던 아파트도 압류되어 경매로 넘어갔다.* 결국 그는 감옥에서 나온 뒤 파산 신청을 했다. 더 무서운

* [헌법에만 있는 노동 3권] 노조 두 번 죽이는 '손배·가압류 폭탄' …… 개인 삶까지 파괴, 〈경향신문〉, 2014년 7월 24일.

것은 파업 기간 중 평택 공장에서 불이 났는데, 쌍용자동차 측에 먼저 보험금을 물어 준 메리츠화재가 '불이 난 책임이 노조에 있다'며 110억 원 상당의 구상권을 청구한 것이다. 2015년 4월 메리츠화재의 구상권에 대해 법원의 화해 권고가 받아들여졌지만, 지금도 노동자들은 한 번도 만져 보지 못한 돈을 빚으로 안고 있다.

이런 손배가압류는 한국에서 파업이 벌어진 곳이라면 흔히 겪는 일이다. 원래부터 법은 노동자를 배려하지 않았지만, 손배가압류가 이 정도로 악용되는 일은 없었다. 1990년 당시 최병렬 노동부 장관이 노조의 불법 쟁의로 인한 손해에 대해 민사상 손해배상 청구 소송을 적극 활용하라는 지침을 발표한 뒤, 손해배상 청구는 2000년대 들어 본격적으로 자리를 잡았다. 경영자의 손해를 먼저 고려하는 이 소송은 헌법에서 보장하는 노동자의 권리인 파업권을 방해한다. 게다가 회사 측에서 '노조에서 탈퇴하면 손배가압류를 풀어 주겠다'라고 유혹함으로써 노조를 와해시킬 수도 있으니, 회사에게는 너무도 좋은 전략이다. 손배가압류 신청 때마다 회사는 파업 당시 입었던 손해를 과장해서 액수를 크게 부른다. 이는 재판 과정에서 현실적으로 조정되어야 하지만, 우리나라는 사회적 약자에 대한 법적 배려가 없는 곳이기에 노동자들이 파업을 할 때마다 절대 갚지 못할 액수가 청구된다. 그러다 보니 손배가압류 청구 액수는 날이 갈수록 늘어 간다. 특히 박근혜 정부 들어서는 그 액수가 천문학적으로 커져, 2002년 300억 원대이던 손해배상 청구액이 2016년 1,500억 원으로 늘어났다.* '가뭄에 콩 나듯'이지만 간혹 법이 노동자에게 유리하게 판결할 때도 있어 해고가 부당하니 복직시키라는 식의 명령이 내려진다. 해당 노동자는 이겼다고 좋아하지만, 그러면 뭐하는가. 회사 측에서 그 노동자를 받아들이지 않는데.

그래도 정부 안에는 노동자의 편에 설 부처가 존재한다. 대표적인 예가 바로 고용노동부다. 이는 올바른 노사관계 확립을 목표로 하는 부서로, 이들이 직무 수행을 잘한다면 노동자가 덜 서러울 수 있다. 하지만 고용노동부는 그 이름과 정반대로 한결같이 재벌만을 비호하며 노동자의 반대편에 선다. 2016년 10월에 있었던 국정감사를 보자. 야당에서는 삼성반도체의 작업 환경과 백혈병 발병의 인과관계가 있는지 알아보고자 고용노동부에 안전보건 진단 보고서를 제출해 달라고 했다. 정부조직법에서 고용노동부의 업무를 찾아보면 이런 대목이 있다.

> 제40조(고용노동부) 고용노동부 장관은 고용정책의 총괄, 고용보험, 직업능력개발훈련, 근로조건의 기준, 근로자의 복지후생, 노사관계의 조정, 산업안전보건, 산업재해보상보험과 그 밖에 고용과 노동에 관한 사무를 관장한다.

법에서는 고용노동부의 '산업안전보건'을 주된 업무라고 명시하고 있

* [헌법에만 있는 노동 3권] 노조 두 번 죽이는 '손배·가압류 폭탄' …… 개인 삶까지 파괴, 〈경향신문〉, 2014년 7월 24일.

다. 만일 작업장 환경이 백혈병을 일으키는 원인이라면, 고용노동부가 앞장서서 이에 대한 조사를 해야 한다. 하지만 고용노동부는 야당이 요구한 안전보건 진단 보고서의 상당 부분을 삭제한 채 자료를 넘겼다. '기업의 영업 비밀이 포함되어 있다'라는 이유 때문이었다.* 다른 것도 아닌, 사업장이 안전한지 여부를 조사한 자료에 무슨 엄청난 비밀이 숨어 있을까? 그 바람에 국정감사는 재벌을 비호하려 한 고용노동부에 대한 성토장이 됐다. 새삼스러운 일은 아니다. 오죽했으면 2015년 민주노총이 이기권 고용노동부 장관 퇴진을 요구하는 집회를 열었겠는가?** 직책에 '고용'이 들어가는 그 밖의 부서에는 청와대의 고용복지수석실이 있다. 이곳은 조금이라도 다를까? 다음 기사를 보자.

> 특검은 지난달 말 보건복지부 압수수색에서 여러 통의 이메일을 확보합니다. 수신자는 청와대 고용복지수석실로 국민연금에서 삼성물산 합병안이 논의되던 지난 2015년 6월부터 7월 사이 집중적으로 발송됐습니다. 삼성물산 합병안을 외부 전문위원들이 반대할 가능성이 크다며 대신 내부 투자위원회로 바로 보내 합병을 찬성하도록 유도하겠다는 내용이 담겨 있었습니다.***

* 홍영표 "고용부가 삼성 대변인이냐"…… 자료제출 공방에 환노위 한때 파행, 〈서울신문〉, 2016년 10월 13일.

** "노동시장 구조개악 앞잡이 이기권 장관 퇴진하라", 〈오마이뉴스〉, 2015년 5월 21일.

*** '삼성 합병 각본' 靑이 주도 …… 결정적 이메일 입수, 〈SBS 뉴스〉, 2017년 1월 4일.

삼성에 불리한 자료는 내놓지 않는 고용노동부, 삼성의 경영 승계를 위해 국민연금을 움직인 고용복지수석. 이 땅의 노동자들이 왜 힘든지를 여실히 보여 주지 않는가?

우리는 노조가 싫어요

박정희 정부는 '노조=빨갱이'라는 인식하에 노조를 때려잡다시피 했다. 고 전태일 열사가 근로기준법 준수를 외치며 분신하고 나서야 이 사회에 노조가 필요한 이유를 희미하게 알게 됐지만, 본격적인 노조의 결성은 1987년 6월 항쟁 이후 벌어진 노동자 대투쟁 때가 돼야 비로소 가능했다. 이렇게 어렵게 만들어진 노조인 만큼 우리가 지키고 키워 나가야 할 텐데, 우리는 노조를 사랑하지 않는다. 단적인 증거가 노조 가입률인데, 우리나라의 노조 가입률은 2015년 10.2%로, OECD 평균인 29.1%에 비해 심각하게 낮다.* 일본(18.2%)이나 미국(11.9%)도 노조 가입률이 그리 높은 나라는 아니지만, 우리가 남들의 좋은 점을 본받아야지 나쁜 점을 본받으면 되겠는가?

눈을 돌려 북유럽을 보자. 아이슬란드(83%), 핀란드(69%), 스웨덴(67%), 덴마크(67%), 정말 환상적인 노조 가입률이다! 그렇다면 노조 천

* 민노총 "노조 조직률 하락 …… 야만적 자본주의 확인", 〈뉴시스〉, 2016년 10월 26일.

국인 이 나라들은 만날 파업으로 밤을 지새울까? 우리가 늘 하는 말이 "북유럽의 선진 노사관계를 배우자"라는 것을 상기하자. 비결은 이렇다. 국민 대다수가 노조에 가입했다면 노조는 국민 전체를 대변한다고 해도 과언이 아니다. 노조의 행동은 국민적 지지를 받으니, 정부에서 탄압하기가 어렵다. 노조 탄압은 국민에 대한 도전이니까 말이다. 그래서 정부는 노조의 의견을 진지하게 듣게 되는데, 제대로 된 협상은 이렇게 상대의 얘기를 경청하는 데서 시작된다. 게다가 노조가 있으면 소득 불평등이 완화될 수 있다. 노조가 최고경영자(CEO)의 보수 결정에 일정 부분 영향력을 행사할 수 있기 때문이다.* 실제로 2009년 호주의 BHP빌리턴 노조는 최고경영자의 임금이 지나치게 높다는 이유로 그의 보수 한도를 정해야 한다고 주장한 적이 있다.** 그런데 우리나라는 노조 가입률이 10.2%로, 노조가 국민 전체를 대변하지 못한다. 실제 우리도 대부분이 일하는 사람이면서 노조와 자신을 분리해서 생각하는 데 익숙하다. 노조가 도로를 막고 시위를 할 때 우리는 이런 말을 스스럼없이 한다. "길 막히게 왜 시위를 하고 그래?" 노조가 폭력을 썼다는 소식을 들으면 고개를 흔들며 혀를 찬다. "저러니까 지지를 못 받는 거야." 우리가 노조를 미워하는 동안 대한민국의 소득 불평등은 나날이 커져 세계 2위에 올랐는데, 1위가 미국이라는 사실이 뭔가를 시사해 준다.*** 미국의 노조 가

* 정부 – 노조, 누가 경제 성장 발목 잡나?, 〈경향신문〉, 2015년 9월 15일.

** BHP빌리턴 노조 CEO 보수 따지기로, 〈EBN 스틸〉, 2009년 9월 17일.

*** 한국 상위 10% 소득집중도 세계 2위 …… IMF 이후 '소득 불평등' 확산, 〈머니S〉, 2016년 9월 4일.

입률이 우리와 큰 차이가 없는 점을 보면, 인터넷 공간에서 소득 불평등을 개탄하는 댓글을 쓰는 대신 노조에 가입하는 게 더 현명한 처사일 듯하다.

하지만 그 당연한 일을 하지 못하는 이유는 우리가 노조를 꺼림칙하게 생각해서다. 2000년 당시 프로야구에서 선수협의회라고, 노조와 비슷한 성격을 띤 조직이 만들어질 때가 있었다. 그 바람에 야구 선수들이 〈100분 토론〉에 출연했는데, 당시 한국야구위원회(KBO)의 이상일 특보는 선수협의회가 노조가 아니라고 주장하는 선수협의회 회장 송진우에게 다음과 같은 질문을 했다.

> "선수들은 선수협의회가 노조가 아니라고 하지만, 제가 보기에는 틀림없이 노조입니다. 첫째, 선수들의 가입을 은밀하게, 일부 선수들에게 가입서를 받으면서 했던 점, 둘째, 시민단체라든가 정당을 쫓아다니면서 서명을 받는 행위, 지원을 부탁하는 행위, 셋째, 쌍방울(당시 프로야구 팀 이름) 선수를 강제로 밤중에 납치해 데려오는 등 도저히 일반 선수협의회로서는 있을 수 없는 일을 한 점, 넷째, 친목 단체인데도 선수 본인들만이 대표여야 된다, 다른 사람은 대표가 안 된다고 주장하고 연연하는 점, 이 부분에 대해 설명해 주시겠습니까?"*

* 한국프로야구선수협회, 나무위키 참조.

당시 사회를 보던 정운영은 "노조가 그런 일을 하는 곳이냐?"라며 "만일 그렇다면 노조에 대해 대단히 잘못 생각하고 계신 것"이라고 일침을 가했다. 이상일과 KBO는 사과했지만, 이 발언은 노조에 대한 KBO의 시각을 잘 보여 준다. 논란을 빚긴 했으나 이상일의 주장에 동의하는 이가 많을 것이다. 우리는 언론을 통해 노조를 보는데, 안타깝게도 한국의 언론 역시 균형 감각에는 관심이 없어서 기업의 일방적 주장을 대변하는 경우가 많기 때문이다. 노조가 파업을 하는 대부분의 이유는 사측이 대화에 응하지 않기 때문이다. 그러나 언론에 비친 노조의 모습은 경제도 어려운데 혼자만 임금을 올려 달라는 이기주의자이고, 목적을 위해서는 서슴없이 폭력을 쓰며 북한의 주장에 동조하기까지 하는 집단이다. 그러다 보니 국민 여론이 파업에 부정적이다. 지하철노조가 파업할 때 격분한 시민들이 역사 유리창을 발로 차서 깼다는 뉴스를 본 적이 있다. 원래 파업은 불편함을 전제로 벌인다. 그래야 "저 사람들이 왜 저러나?" 의아해하고 그들의 사정에 귀를 기울이며, 옳고 그름을 판단한다. 하지만 우리는 노조가 싫고, 노조 파업으로 인한 불편함이 싫다. 슬픈 사실은 노조가 파업하면 정부 혹은 지자체가 시민들의 뜻을 헤아려 불편함이 없도록 노력한다는 점이다. 이들은 파업 때마다 곧바로 대체 인력을 투입하는데, 그로 인해 파업을 해도 사람들이 그 사실을 모르는 경우가 많다. 2016년 철도노조와 지하철노조가 성과연봉제에 항의하며 파업했을 때 대체 인력은 별다른 사고 없이 자기 역할을 해냈다. 이런 식이면 앞으로 파업이 무슨 효과가 있을지 걱정이 된다. 2012년 MBC는 170일간 파업을 했는데, 1990년대였다면 큰 반향을 불러일으켰겠지만 당시 크게 불편함을 느낀 이가 드물었다. 파업하면 대체 인력이 투입되거나 손배가압류로 노동자만 괴로워진다. 이런 현실 속에서 노동자의 미래는 과거에도 그랬지만 앞으로도 결코 녹록지 않을 것만 같다.

전교조를 인정하지 않는 노동 후진국

앞에서 언급이 안 된, 사람들이 노조를 싫어하는 결정적인 이유가 있다. 사람들은 노조를 좁은 시야 속에서 바라본다. 노조는 노동자만이 만드는 것인데, 사람들이 생각하는 노동자는 공장에서 나사를 조이는 일에 종사하는 생산직에 한정되어 있다. 게다가 북한에는 노동절이 있고, 유일한 정당이 노동당이다. 그러니 노동자라는 명칭을 쓰기도 겁이 난다. 그리고 노조는 (생산직)노동자의 조직인데, 어떻게 내가 노조에 가입할 수 있단 말인가? 이 대목에서 예전 연세대학교 송복 교수의 유명한 칼럼을 인용하자. 제목은 '교수가 해서는 안 되는 일'이다.

> 선생이 노조를 만든다는 것, 이것은 '죽는 일이 있어도' 절대 해서는 안 되는 일이다. 노조를 꼭 만들고 싶으면 교직을 떠나서 자동차 공장으로 가라. 방직 공장으로 가라. 자동차 노조, 방직 노조는 물질을 담보로 파업을 한다. 혹은 태업을 한다. 그것은 얼마든지 가당한 일

이고, 경우에 따라선 얼마든지 도덕적이 될 수 있다. 그러나 선생이 노조를 만들어 파업을 하면 그것은 자기가 가르치는 학생을 볼모로 하는 일이다. 학생을 볼모로 파업을 한다는 것, 혹은 태업을 한다는 것. 어떻게 그런 발상이 가능할 수 있는가.*

안타깝게도 송복 교수는 노동자의 개념을 잘못 알고 있다. 전제가 틀렸으니 글이 산으로 가고 방직 공장으로 간다. 사전을 보면 '노동력을 제공하고 얻은 임금으로 생활하는 사람'이 노동자다. 노동력이란 꼭 육체적인 것만은 아니니, 월급을 받는 대다수의 사람들이 노동자인 셈이다. 제대로 된 나라라면 선생이 노조를 만든다고 이상할 일은 없다. 중고교 선생님과 대학교수, 공무원 등등 모두 다 노조원의 자격이 있다. 하지만 정부는 이들이 노조를 만드는 것을 방해했다. 어찌나 심하던지 못 잡아먹어 안달인 것으로 보일 정도였다. 선생이 노동자냐는 말과 아이를 볼모로 잡는다는 말은 굉장한 반향을 불러일으켰다. 전교조의 비극은 그렇게 시작됐다.

전국교직원노동조합, 세칭 전교조는 1989년 처음 만들어졌다. 정부는 전교조가 탄생하는 순간부터 불법으로 규정하고 대대적인 탄압에 들어갔다. 전교조에 가입한 교사는 바로 해직됐는데, 그 수가 1,465명에 달했다. 1996년 한국이 OECD에 가입할 당시(김영삼 정부), 한국은 교사와

* [시론] 송복/교수가 해서는 안 되는 일, 〈동아일보〉, 2001년 11월 5일.

공무원의 노조를 인정하지 않는 노동 후진국이라며 가입에 반대한 나라가 많았다고 한다. 결국 전교조는 김대중 정부 시절인 1999년 전교조 합법화를 통과시켰다. 합법화가 되긴 했지만, 전교조에 대한 대우가 좋아진 것은 아니었다. 이상한 일이었다. 전교조 교사들은 당시 문제됐던 촌지를 일절 받지 않았고 학생들에게 참교육을 하려고 애썼지만, 전교조를 보는 시각은 싸늘했다. 여기에 대해 생각해 보면 오랜 기간 덧씌운 빨갱이의 이미지도 영향을 줬고, 전교조 교사가 정치 이야기를 해서 아이들 공부에 지장을 줄지 모른다는 학부모의 지레짐작도 있었으리라. 실제로 당시 한나라당 정두언 의원은 전교조 가입률이 높은 학교일수록 수능 성적이 좋지 않다는, 기상천외한 조사 결과를 발표하기도 했다.*

무노조 사회가 만든 그늘

1만 명으로 우리나라의 경영인을 상대하기 어렵다면, 5만 명, 10만 명이 나서면 어떨까? 아무래도 좀 더 유리하지 않을까? 그들의 결속력이 좋고 나름의 무기—물론 여기서 무기는 법 이론에 밝다든지 하는 측면이지 칼과 활, 총 등은 아니다—를 챙긴다면 보다 잘 싸울 수 있을 것이다. 1억 원의 손해배상금을 물어내야 할 때도 1만 명(1인당 1만 원)이 함께

* "전교조 가입률↑·수능 성적↓" 논란, 〈YTN 뉴스〉, 2010년 5월 6일.

하는 것보다는 10만 명(1인당 1천 원)이 나누는 게 더 부담이 적다! 우리나라에서 법으로 노조를 결성하게 하고, 단체교섭권, 단체행동권 등 노동 3권을 보장(헌법 33조)하는 이유도 많은 것을 가진 경영자와 못 가진 노동자가 일대일로 싸우는 게 불공평하다고 생각하기 때문이다.

물론 경영자에 비해선 노조도 역부족이지만, 그렇다 하더라도 노조의 존재는 노동자들에게 큰 힘이 된다. 노동자 한 명이 부당한 대접을 받았을 때, 혼자서 사과를 요구하는 것보다 노조 차원에서 사과를 요구하는 게 아무래도 말발이 더 먹힌다. 노조가 없으면 임금 인상도 어렵다. 예를 들어 보자. 내가 테니스를 처음 배우던 1996년, 코치에게 주는 레슨비는 12만 원이었다. 그로부터 21년이 지난 2017년 테니스 레슨비는 19만 원이다. 선뜻 테니스를 배우기 부담스러운 액수일 수도 있겠지만, 과거와 비교할 때 레슨비는 1.58배 오르는 데 그쳤다. 동화책에 삽화를 그렸던 아내에 따르면 자신이 한창 일하던 2000년과 비교할 때 출판사에서 주는 그림 값이 그렇게 오르지 않았단다. 둘 다 노조를 만들 수 없는 소위 프리랜서 직종이다. 임금 얘기를 할 때 택배 기사도 빼놓을 순 없다. 우리나라처럼 택배가 빨리, 그리고 싼값에 배송되는 나라가 또 있을까? 그런데 택배 기사들이 건당 손에 쥐는 돈은 600~700원에 불과하다. 수지를 맞추려고 밤 10~11시까지 일을 하지만, 하루 평균 250개를 배송해도 월수입은 320만 원에 불과하다.* 많다고 생각할

* "택배 하나에 500원, 찜질방서 자며 일해요", 〈노컷뉴스〉, 2017년 1월 27일.

수도 있지만, 이들의 노동시간이 하루 14시간이고, 차 한 잔 마시기도 어려울 만큼 바쁘게 보낸다는 점, 또한 물건이 파손되면 변상할 책임도 택배 기사에게 있고, 차량 관리에 들어가는 돈까지 생각하면 많다고 말하기는 힘들지 않을까? 노조가 있는 대기업과 노조가 없는 중소기업의 임금은 무려 3배가 차이 난다. 심지어 노조가 있는 곳의 근로조건이 좋아서 사람들이 더 오래 일한다고 한다.*

많은 회사가 수익을 내거나 당장의 어려움을 타개하기 위해 인건비를 줄인다. 하지만 노조가 있는 곳은 직원을 함부로 해고하기도 어렵고, 해마다 임금을 협상해야 한다. 그러다 보니 많은 회사의 목표 중 하나가 '어떻게 하면 노조를 못 만들게, 혹은 덜 가입하도록 할까?'다. 삼성은 아예 무노조 경영을 자신들의 정체성으로 내세운다. 정상적인 나라라면 노조가 있어야 하건만, 월급을 많이 줄 테니 노조를 만들지 말라는 당근 전략이 효과를 봤는지, 아니면 삼성의 뛰어난 노조 와해 전략 덕분인지, 삼성의 무노조 신화는 무려 3대째 유지되고 있다. 정말 신기한 일은 여기에 대해 사람들이 너무 당연하게 생각할 뿐 이의를 제기하지 않는다는 점이다. 노조가 없다는 이유로 불매 운동이나 서명 운동 등을 한다면 삼성도 더 이상 노조를 부정하지 못할 텐데 왜 우리는 삼성의 무노조 경영에 침묵할까?

* 有노조 대기업 정규직과 無노조 비정규직 간의 임금 차이는, 〈조선일보〉, 2016년 9월 26일.

알고 보면 우리 모두 노동자

2014년 6월 19일, 전교조는 서울행정법원에서 법외노조가 됐다. 노동조합법이 요구하는 조건을 갖추지 못해 법적으로 인정받지 못한다는 뜻으로, 노조로서 당연히 가져야 할 권리, 예컨대 노조 전임자 파견권이나 단체협약 교섭권 등을 행사하지 못하며, 국가의 지원도 받을 수 없게 됐다. 노조로서는 사형선고나 다름없는 이 판결이 전교조에게 내려진 이유가 무엇일까? 전교조는 교사들의 모임이어야 하는데, 해직된 교사 9명이 전교조에 가입돼 있었기 때문이다. 전교조 조합원 수는 6만에 달한다. 그중 해직 교사가 몇 명 있기로서니 그게 뭐가 문제일까? 물론 그들이 해직된 이유가 악질 범죄자여서라면 얘기가 좀 달라진다. 조합원이 100만인 노조에 최순실이 가입돼 있다면 우리가 그 노조를 좋게 볼 수 있을까? 그래서 그들이 왜 해직됐는지 따져 볼 필요가 있다. A 선생은 부패 재단 퇴진 운동을 하다 해직됐다. B 선생은 우열반 편성을 지시한 학교 측에 지속적으로 문제 제기를 하다 해직됐다. 6명은 교육감 선거 당시 자신들이 지지하는 후보를 위해 기부금을 모았다가 해직됐다. 나머지 한 명은 세미나에서 북한 교과서를 인용한 자료집으로 강의했다.*

국가보안법 위반인 맨 마지막 사례를 제외하면, 이들의 해직이 온당한지 의문이다. 게다가 그들을 노동조합 구성원으로 인정하느냐 마느냐

* 전교조가 합법지위와 맞바꾼 해직 조합원 9명은, 〈연합뉴스〉, 2014년 6월 20일.

는 노조 스스로 결정할 문제지, 타인이 왈가왈부할 일은 아니다. 그럼에도 전교조를 법외노조로 판결한 것은 우리 정부가 평소 전교조를 눈엣가시처럼 여겨 오다 해직 교사를 빌미로 삼은 게 아니냐는 의심을 할 만하다. 이게 괜한 의심이 아니라는 증거는 그로부터 2년 뒤 발견됐다. 박근혜-김기춘 시절 청와대 민정수석으로 근무했던 고 김영한은 그 시절 업무 일지를 남겼는데, 업무 일지가 JTBC의 수중에 들어가면서 우리도 볼 수 있게 됐다. 그 일지를 보면 김기춘이 가장 많이 언급하는 단체가 바로 전교조였는데, 법외노조 판결을 받고 난 뒤에 그는 다음과 같은 말을 한다. "긴 프로세스 끝에 얻은 성과 …… 강력한 의지로 법 집행을 하라."*

사정이 이런데도 우리는 전교조에 대해 정권이 저지른 만행에 무덤덤하다. 전교조가 뭐라고 왜 이리 길게 쓰는지 궁금한 독자도 있을 것이다. 간단하다. 사소한 이유로 전교조를 무력화시킬 수 있다면, 정부는 어떤 노조든지 다 그렇게 와해시킬 수 있다. 삼성이 그러는 것처럼 이 땅에 노조가 하나도 없는 세상이 오면 어떤 일이 벌어질까? 경영자는 회사를 마음대로 운영하고, 소득 불평등은 커지는 재앙이 닥치지 않을까? 전교조의 법외노조화는 경영자의 횡포에 누구도 맞서지 못하는 최악의 세상으로 가는 시작이다. 배트맨과 슈퍼맨의 싸움을 상상할 수 있는 이유는 여럿이 뭉치면 초능력을 가진 슈퍼히어로라도 어느 정도는

* 죽은 김영한이 산 김기춘 잡나, 《시사인》, 2016년 12월 23일.

당해 낼 수 있지 않겠냐는 전제에서 시작한 것이다. 그러나 슈퍼맨에 대항할 배트맨조차 사라져 버린다면, 우리는 슈퍼맨이 만드는 폐해를 바꿀 수 있는 방법이 없다. 당장 내 일이 아니라 하더라도 그에 대해 분노하고 힘을 보태 주기, 그것이 지금 우리에게 필요한 행동이다. 노조가 하나하나 다 없어지고 나면, 도움이 필요할 때 나를 도와줄 노조는 없을지도 모른다. 아직도 노조가 왜 중요한지 잘 모르겠다 하는 이들에게 오바마(Barack Obama) 전 미국 대통령의 발언을 들려주고 싶다.

> "내 가족의 생계를 보장할 좋은 직업을 원하는가. 누군가 내 뒤를 든든하게 봐주기를 바라는가. 나라면 노조에 가입하겠다."*

* 오바마 전 대통령, 2015년 9월 8일 노동절 연설 중.

우리는 희망을 가질 권리가 있다

정치와 복지

2011년의 투표

2011년 8월 24일, 서울시에서 역사적인 투표가 진행됐다. 다른 곳은 하지 않는 투표를 유독 서울시만 한 데는 다음과 같은 이유가 있었다. 2010년 지방 선거에서 민주당의 구호는 무상급식이었다. 아이들한테 밥을 공짜로 주자는 것인데, 이 구호가 어필했는지 아니면 이명박 전 대통령이 그즈음 일어난 천안함 사건을 빌미로 한 북풍 몰이가 지나치다고 생각했는지 지방 선거 결과는 민주당의 압승이었다. 그리고 서울시의회는 그해 12월 무상급식 조례를 통과시켰다. 무상급식 예산 695억 원을 신설하는 대신 당시 오세훈 시장의 야심작, 즉 세빛둥둥섬으로 대표되는 사업 예산이 전액 삭감됐다. 훗날 영화 〈어벤져스 2〉(조스 웨던, 2015)의 촬영지로 선택됐고, 당시 오세훈 시장의 말에 의하면 "지금 뭐 예약이 힘들 정도로 성업 중"*이라고 했지만, 그때만 해도 세빛둥둥섬은 예산 낭비의 상징이었다. 하지만 그에게 세빛둥둥섬은 남다른 의미가 있었다. 청계천 사업을 발판으로 대통령이 된 이명박처럼, 자신도 그 건축물을 지은 공로로 대통령이 되어 보겠다고 마음먹었는데, 야당이 훼방을 놓았으니 화가 날 수밖에.

그래서 그는 무상급식과 싸우는 전사가 되기로 했다. 무상급식 찬반 투표를 시행하고, 지면 시장직을 물러나겠다고 한 것이다. 다들 알다시피 결과는 오세훈 전 시장의 패배로 끝났다. 주민투표의 투표율이 25.7%로, 개표 기준인 33.3%도 넘기지 못했다.** 그날은 휴일이 아닌 평일이었던 데다 야당에서 투표 거부 운동을 했던 터라 투표율이 낮았다. 그 뒤 열린 보궐선거에서 안철수 후보가 박원순 후보에게 시장 후보를 양보했고, 박원순 시장은 전면 무상급식을 실시하는 지원안에 서명했다. 사태가 이렇게 전개되긴 했지만, 궁금하긴 하다. 2011년 당시 무상급식 투표율이 33%를 넘어 투표함이 개봉됐다면 어떤 결과가 나왔을까? 지금도 그렇지만 무상급식은 시대의 대세가 아니다. 전면 무상급식 대신 소득 기준 하위 30~50%에게만 공짜로 밥을 줘야 한다고 생각하

* [인터뷰] 오세훈 전 서울시장 "증세 없는 복지는 난센스, 연말정산 세금폭탄 예견된 일", 〈KBS 뉴스〉, 2015년 3월 4일.
** 2011 서울특별시 무상급식 주민투표, 나무위키.

는 사람들도 의외로 많다. 가장 잘 먹히는 논리는 이렇다. "삼성 이재용의 아들에게 우리 세금으로 밥을 먹여야 하느냐?"

실제로 잘사는 나라들 중에서도 전면 무상급식을 시행하는 나라는 그리 많지 않다. 스웨덴과 핀란드, 딱 두 나라만 사립학교까지 포함된 100% 무상급식을 시행하고 있고, 미국과 영국은 공립학교, 그것도 선별적 무상급식을 시행한다. 일본 역시 공립학교만 무상급식이다. 종합적으로 따졌을 때 무상급식 실시 비율은 미국 49.5%, 영국은 34%, 대한민국은 16.1%이다.* 이것 말고도 전면 무상급식에 문제가 있는데, 급식에 들어가는 예산으로 인해 원래 써야 할 곳에 돈을 못 쓴다는 점이다.

> 올해 서울 지역 초등 임용고시 합격자의 신규 교사 발령 비율은 평년 30~40% 대의 10분의 1에 불과한 3.5%였다. 무상급식 등 교육복지 예산이 크게 늘어나면서 명예퇴직 예산이 지난해 1,062억 원에서 올해 255억 원으로 급감했고, 명예퇴직자도 대폭 감소한 탓이다. 낡은 화장실, 비가 새 들어오는 창틀, 겨울에는 얼음장 같고 여름에는 찜통 같은 교실 등 학교 시설 개선이 지지부진해졌다는 현장의 볼멘소리도 적지 않다. 서울 지역 한 초등학교 교장은 "무상급식 실시 이후 환경 시설 개선 요청이 거의 받아들여지지 않는다"라고 말했다.**

* 선진국 공립학교 급식 '무상' 원칙, 〈경향신문〉, 2010년 2월 16일.

** 무상급식의 부메랑 새내기 교사 못 뽑고 비 새는 교실 손 못 대, 〈동아일보〉, 2014년 3월 14일.

찬성 측도 나름의 논리가 없는 것은 아니다. 초등학교는 의무교육이고, 학교에서 먹는 점심도 그 안에 포함돼야 한다. 게다가 같은 반 아이들 중 누구는 돈을 내고 밥을 먹는데 누구는 공짜로 먹는다면 자격지심이 생기지 않겠는가? 소득 기준 하위 50%에게 무상급식을 한다고 해도, 그 50%를 선별하는 작업이 쉽지 않다. 돈은 누구나 안 내면 좋으므로 선정 기준을 살짝 벗어난 50~55%에 속하는 사람들이 불만을 터뜨릴 것이다. 비용을 아끼려다 엄청난 민원이 발생할 수 있다. 그럼에도 불구하고 국민 전체로 따져 봤을 때 무상급식 반대가 찬성보다 더 많은 것이 우리나라의 현실이다. 부자에 대한 감정이 그리 좋지 않은 우리나라에서 부잣집 아이의 밥값을 세금으로 내 준다는 데 반응이 좋을 리는 없다. 2015년 홍준표 전 경남도지사는 전면 무상급식을 중단하고 선별적 무상급식을 실시했는데, 잘한 일(49%)이라는 응답이 잘못한 일(37%)이라는 응답보다 12%나 높게 나왔다.* 2011년 선거 때도 마찬가지였다. 서울시민 중 전면 무상급식 찬성자는 31.4%에 불과했고, 저소득층을 대상으로 한 단계적 실시에 찬성한 이는 50.7%였다.** 당시 야당에서 무상급식에 대한 지지를 호소하는 대신 투표에 불참하라고 독려한 이유도 실제 투표함을 개봉했을 때 이길 자신이 없었기 때문이 아닐까.

---

* 경남 무상급식 여론조사 "홍준표 잘했다 49%, 잘못 37%" 분석 보니, 〈서울신문〉, 2015년 3월 20일.

** 무상급식 오세훈案 찬성 50.7%, 〈매일경제〉, 2011년 8월 16일.

복지보다 중요한 정치 파벌

2015년 홍준표 전 경남도지사의 무상급식 중단에 대해 다시 살펴보자. 해당 여론조사는 여러 방식으로 시행됐다.

초중등학교 무상급식, 어느 의견에 더 공감? — 선별 60%, 전면 37%

경남도지사의 결정, 잘한 일로 보나? — 잘한 일 49%, 잘못한 일 40%

경남도 학생 77%, 4월부터 급식비 내야 하는데? — 잘된 일 43%, 잘못된 일 44%*

여기서 보는 것처럼 여론조사는 질문 방식에 따라 결과가 달라진다. '경남도지사가 잘했느냐'라고 물으면 무상급식만이 아닌, 도지사에 대한 자신의 선호가 들어가기 마련이다. 원래 급식비를 내지 않던 학생들이 급식비를 내야 하느냐고 물으면, 학생들에 대해 동정적인 마음으로 인해 판단이 바뀔 수 있다. 게다가 초중고 학부모는 '잘한 일'(34%)보다 '잘못한 일'(55%)이라는 평가가 더 많았는데, 이것은 학부모들이 실제 무상급식의 혜택을 받는 당사자라는 점을 감안해야 한다.** 그러니 무상급식에 대한 실제 여론에 가장 가까운 것은 선별 60%, 전면 37%일 것이다.

---

* '홍준표 무상급식 중단' 지지율 '잘한 일' 49% vs '잘못한 일' 40%, 〈머니S〉, 2015년 4월 3일.

** 경남 무상급식 여론조사 "홍준표 잘했다 49%, 잘못 37%" 분석 보니, 〈서울신문〉, 2015년 3월 20일.

물론 여기에도 다른 변수가 작용한다. 정당별로 분석해 보면 여당 지지층은 72%가 잘한 일로 봤지만, 야당 지지층은 잘한 일 33%, 잘못한 일 56%였다. 그러니까 어떤 정책을 내놓을 때 그 정책 자체에 대한 판단보다 어느 당에서 냈느냐가 중요한 기준이 된다.

무상보육이 그랬다. 2011년 11월, 당시 여당은 갑자기 무상보육 정책을 들고 나왔다. 무상급식으로 인해 서울시장 선거도 지고, 복지에 대한 우선권도 야당에 빼앗겼는데, 이러다간 대선도 어렵겠다 싶었는지 복지에 관심을 갖기 시작했다.

처음 만들 때는 소득 기준 하위 70%에게만 해당되던 것이 2013년 전 계층으로 확대됐는데, 보육 시설을 이용하면 보육료를, 집에서 아이를 기르는 경우에는 양육비를 줌으로써 형평성을 맞췄다. 무상급식이 복지 포퓰리즘이며 나라를 망하게 하는 정책이라고 거품을 물었던 정당이 왜 갑자기 무상으로 보육료를 지급하자는지 이상했지만, 어쩌겠는가? 대선이 급하다는데. 무상보육에 기초연금까지, 실제로 2012년 대선 때 복지 정책에 대한 주도권을 잡은 정당은 여당이었고, 이 때문만은 아니겠지만, 어쨌든 대선에서 승리했다. 선거에서 이긴 뒤에는 보육료를 주지 않아 '역시나' 하고 감탄을 했지만, 여당이 이렇게 복지에 관심을 가져주는 것은 개인적으로 바람직하다고 본다.

그렇다면 무상보육에 대한 찬반은 어떻게 나왔을까? 전 계층으로 혜택이 확대된 2014년 시행된 여론조사 결과는 찬성 57.8%, 반대 38.7%였다. 여론조사를 하면서 무상급식에 대해서도 물었는데, 희한하게도 찬성 48.0%, 반대 49.7%로 반대가 더 많았다.* 결과를 보고 있노라면 머리가 아파 온다. 키우는 돈은 국가에서 받아도 밥값은 못 받는다? 이런 결과가 나온 이유를 〈머니투데이〉는 다음과 같이 분석한다.

> 무상급식이 무상보육만큼의 지지를 받지 못한 것은 정당 지지율과도 무관치 않다. 정당 성향을 밝힌 응답자 590명 중 여당 지지자(393명)가 야당 지지자(132명)의 3배에 달한다. 여당 지지자들은 두 정책 모두에 반대가 많았지만 무상급식 반대(65.6%)가 무상보육 반대(51.6%)보다 강했다. 여권 지지자들이 박근혜 대통령의 공약에 따른 무상보육보다는 야권이 2010년 지방 선거 이후 정치적 성과로 꼽아온 '무상급식'에 더 많은 반감을 가졌기 때문으로 볼 수 있다.**

그랬다. 여당 지지자들은 야당이 내놓은 정책이기 때문에 무상급식에 반대했다. 이것은 야당 지지자도 마찬가지였는데, 무상보육 반대가 38.7%나 나온 것이 그 증거다. 정리해 보면 이렇다. 우리 국민들은 정책을 판단할 때 그 내용보다는 누가 추진하느냐가 중요하다.

* 무상보육 OK, 무상급식 '글쎄'…… 복잡한 부모 마음, 〈머니투데이〉, 2014년 11월 23일.
** 같은 글.

복지국가에 대한 본심

그렇다면 어느 것이 본심일까? 사실 우리는 복지에 대해 거부감이 큰 나라다. 이유가 무엇일까? 가상의 가정을 생각해 보자. 아버지가 돈을 벌어 살림을 해 오던 가정이 있는데, 아버지가 갑자기 편찮으시거나 실직을 해서 돈을 더 이상 못 번다고 해 보자. 그야말로 난리가 난다. 어머니가 일을 나가고, 아이들은 학원을 다니기는커녕 아르바이트를 해야 한다. 허리띠를 졸라매며 어려움을 이기고 난 뒤 그 가족은 이런 생각을 할 것이다. '세상에 믿을 것은 돈뿐이다. 악착같이 돈을 벌자.' 그 가정이 복지 혜택을 받았다면 어떨까? 아버지는 실업급여로 원래 지급받던 월급의 80%를 국가 또는 회사로부터 받는다. 또한 실업자 가정에 대한 지원 정책으로 아이들은 학교는 물론이고 학원비까지 다 면제받는다. 그렇게 해서 위기를 극복하고 나면 해당 가족은 이런 생각을 할 것이다. '아, 복지가 이렇게 좋은 것이구나!'

그러니까 우리나라가 복지에 거부감을 갖는 이유는 국가로부터 따뜻함을 느껴 본 기억이 그리 많지 않기 때문이다. 다음 통계가 이를 증명한다.* OECD 국가들의 GDP 대비 사회복지비 지출 비율을 보면 프랑스, 핀란드, 벨기에, 덴마크 등이 상위권을 차지했고, 상대적으로 복지가 약한 영국이 21.7%로 17위, 미국이 19.2%로 22위인데, 우리나라는

* 한국 사회복지 지출 GDP 대비 10.4% …… OECD 꼴찌 수준, 〈헤럴드경제〉, 2016년 10월 31일.

10.4%로 조사 대상 35개국 중 34위를 차지했다.

앞의 이유와 연결되는 얘기인데, 복지는 국가가 돈을 걷어서 필요한 이에게 나눠 주는 시스템이다. 그러려면 내가 쓸 돈을 국가에 내야 하는데, 이는 국가에 대한 신뢰, 즉 내가 낸 돈을 절대 허투루 쓰지 않는다는 믿음이 있어야 한다. 그런데 우리는 정부에 대한 신뢰 자체가 부족하다. 아니, '내가 내는 돈이 반드시 어디론가 샐 거야'라는 강한 믿음을 갖고 있으니, 어떤 의미에서는 정부에 대한 신뢰가 두텁다고 할 수도 있겠다. 스웨덴에 다녀온 선배 의사의 이야기다. 거기 의사들은 오전에만 일하고 다 퇴근하기에 "어차피 진료실도 비니까 제가 하겠다"라며 자신은 오전, 오후 열심히 일을 했단다. 그런데 막상 월급을 받으니 오전만 하던 것과 거의 차이가 없었다. 월급의 반 정도를 세금으로 내는데, 월급이 많아지면서 세금의 비율도 함께 커진 탓이란다. 그럼에도 스웨덴 사람들이 기꺼이 월급의 반을 국가에 내는 것은 정부에 대한 신뢰가 있기에 가능했으리라. 실제로 그 나라에서는 교육과 의료를 공짜로 이용하는 등 많은 복지 혜택이 주어지는데, 만일 우리나라에서 이렇게 할 테니 월급 절반을 내라고 할 때 그 말을 순순히 믿을 이가 얼마나 되겠는가?

정부는 믿을 수 없고, 각자 살자니 불안하고. 이런 삶을 살다 보니 사람들의 의식이 분열적이 된다. 2011년 〈한겨레〉와 한국사회여론연구소가 공동으로 조사한 자료를 보자.* 우리나라의 전반적 복지 수준에 대

* "세금 더 내더라도 복지 늘려야" 53%, 〈한겨레〉, 2011년 1월 24일.

해서는 적당하다는 비율이 32.6%, 부족하다고 보는 비율이 59.1%다. 우리나라 복지가 OECD 꼴찌라는 것을 감안하면 적당하다는 비율이 32.6%인 것은 놀랍다. 하지만 다음은 더 놀랍다. 세금을 더 내서라도 복지 수준을 높이면 어떠냐는 질문에 대해 동의한다는 비율은 53.1%, 동의하지 않는다는 비율은 45.9%다. 적지 않은 수가 복지가 부족하다고 생각은 하지만, 자기 돈을 내면서 복지를 늘리기는 싫다는 얘기다. 박근혜 전 대통령이 그 유명한 '증세 없는 복지' 공약을 내건 것도 이런 민심을 파악했기 때문이 아닐까 싶다.

어느 지자체의 복지 실험

당연한 얘기지만 박근혜 전 대통령은 증세 없는 복지에 성공하지 못했다. 원래 그는 복지 공약 이행에 필요한 135조 원을 증세 없이 조달할 수 있다고 했다. 비과세 감면 축소, 지하경제 양성화 등을 통해 조달하겠다는 계획이었지만, 애당초 실현성이 없었다. 돈이 걷히지 않으니 복지 축소는 당연했다. 노인들의 표 결집에 도움이 됐던 기초노령연금은 대상자와 액수가 줄었고, 무상보육은 정부가 돈을 못 준다고 버티는 바람에 애꿎은 교육청과 부모들이 싸우게 만들었다. 4대 중증질환 전액 국가 부담 공약은 애당초 지킬 마음이 없었기에, 취임도 하기 전에 폐기한다는 기자회견을 열었다. 이런 공약 폐기에는 미안해할 법도 하지만, 박근혜 전 대통령은 기초노령연금에 대해서만 "죄송한 마음"이라고 한 채 그냥 넘어갔다.

그런데 박근혜 전 대통령과 비슷한 생각을 한 이가 있었으니, 바로 빚 많기로 유명했던 성남시의 이재명 시장이었다. 흙수저 출신이라고 다 이런 생각을 갖는 것은 아니지만, 그는 '시장'이란 타이틀을 달고 있다면 시민들을 잘 챙겨 줘야 한다고 생각하는, 저 옛날 요순시대의 가치관을 갖고 있는 특이한 사람이었다. 그가 취임한 후 거둔 성과를 보자. 성남시의 유치원과 초등·중학교에 친환경 무상급식을 시행했고, 1인당 15만 원 정도가 드는 교복값도 지원했다. 우리나라 최초로 공공 산후조리원을 만들어 산모 1인당 25만 원을 지원해 줬다. 저소득층의 생리대 비용 문제가 불거진 뒤에는 저소득층 아이들에게 생리대도 지원해 주고 있다. 게다가 청년배당이라는 정책으로 만 24세 청년에게 연간 100만 원을 지역화폐로 줬는데, 이는 지역에서 이 돈을 소비하게 함으로써 지역 경제 활성화를 꾀하려는 정책이다. 그 동네 시민들은 시장을 칭송했고, '나도 성남에서 살고 싶다'라는 사람들의 하소연이 전국에 메아리쳤다. 더 놀라운 사실은 성남 시민들이 세금을 추가로 더 내지는 않았다는 점이었다. 소위 증세 없는 복지의 기적, 박근혜 전 대통령이 국가 채무를 기록적으로 늘려 나가는 것과 정반대로 이 시장은 전임 시장이 진 7천억 원대의 빚까지 모두 갚아 버렸다. 어떻게 가능했을까? CBS의 정관용 평론가도 궁금했던 모양이다.

정관용 : 제일 많이 줄인 데가 어디예요?

이재명 : 주로 공사 예산이죠, 소위 토목 예산. 그러니까 쓸데없는 공사 하는 것 다 전면 중지한다든지.

정관용 : 보도블록 깔고 이런 거?

이재명 : 그건 아주 뭐 소소하고요. 그 전에 성남시 정부가 대규모 비공식 부채를 진 이유가 청사, 그 유명한 호화 청사 아닙니까? 그게 3,400억 원 들었고요. 1.5킬로미터 도로 확장 공사하는 데 무려 3,100억 원. 그 조그마한 은행 이동이나 마을 주거 환경 개선 사업하는 데 6,270억 원을 갖다 쏟아부어서 무능하고 부패하고, 또 조경 공사 쓸데없는 것 엄청 해 대고, 예를 들면 동네 대리석이 왜 그렇게 많습니까? 대리석, 뭐 비싼 소나무 이런 것으로 조경하고요. 이런 식으로 돈을 마구 써 버리니까 7,285억 원이라고 하는 빚이 생겼는데 살림을 해 보니까 제가 확신이 들었습니다. 나쁜 짓만 안 하면 엄청나게 잘할 수 있다. 저희가 똑같은 수입을 가지고 일 년에 1,500억 원씩 무려 5,700억 원, 아까 말씀드렸던 지방채 1,200억 원 발행한 것 빼고 현금으로만 4,500억 원. 지방채 발행한 1,200억 원 합쳐서 5,700억 원 갚고 빚을 다 정리했거든요.

정관용 : 7,280억 원에서 5,700억 원을 갚았어요?

이재명 : 그렇습니다. 채무 일부 조정하고 남겨 놓은 것 조금 있고요, 급한 것 아니니까. 전 정부는 7,285억 원을 더 썼지만 저는 4,500억 원을 덜 쓰면서도 시민들의 복지 혜택은 훨씬 늘렸습니다. 그리고

이제는 빚을 안 갚아도 되는 상황이 됐으니까 대대적으로 저희가 새로운 시책들을 시행하게 된 거죠.*

한마디로 불필요한 예산을 줄였다는 말인데, 이런 식으로 매년 1,500억 원씩 빚을 갚은 결과 예정보다 2년 빨리, 2013년 말에 빚이 다 청산됐단다. 여러분이 대통령인데 성남에 이런 지자체장이 있다면 어떻게 할 것인가? 보기를 드리겠다.

❶ 표창과 함께 예산을 올려 줌으로써 다른 지자체에게도 경종을 울린다.
❷ 청와대로 불러서 비법을 가르쳐 달라고 한다.
❸ 더 이상 복지 정책을 못 펴도록 훼방을 놓는다.
❹ 국정원에 끌고 가 고문한다.

상식이 있다면 1번이나 2번을 택하겠지만, 다들 알다시피 박근혜 전 대통령은 그런 사람이 아니었다. 게다가 '증세 없는 복지'의 저작권은 원래 자신에게 있지 않은가? 원래 고르려던 답안은 4번이겠지만, 아쉬움을 머금고 3번 작전을 전개한다. 성남시가 자체적으로 쓸 수 있는 돈을 빼앗는 게 그 방법이었다. 심지어 성남시를 '부자 자치단체'라고 부르며 '부자

* 이재명 "복지, 밑돌빼기 없이 버려진 돌 주워", 〈노컷뉴스〉, 2015년 3월 28일.

자치단체들(수원, 화성, 고양, 용인, 과천, 성남)에게서 5천억 원씩을 빼앗아 다른 지자체에 나눠 주겠다'는 법을 통과시키려 했다.* 행정자치부는 대통령의 뜻을 받들어 '지방재정법 시행령 개정안'을 입법 예고했는데, 이게 시행되면 지방자치는 물 건너간다. 돈을 아껴 무엇이든 해 볼까 하면 나라에서 '내놔. 저기 애들은 굶고 있어!'라며 강탈해 갈 게 아닌가? 그래서 이 시장은 이 개정안에 반대하며 11일간 단식투쟁을 했다. 신기한 것은 다른 지역 사람들의 반응이었다. 아무리 청와대와 보수언론이 성남시장을 욕한다 해도 왜 거기 동조해 이 시장을 욕하는 것일까? 자신이 혜택을 못 받는다고 해서 '너도 받지 마'라고 하지 말고, 자기네 시장이나 군수에게 달려가 '왜 우리는 저렇게 못하냐?'라고 떼를 쓰는 게 훨씬 더 나을 텐데 말이다. 참고로 이 시장은 성남에서 진보와 보수 할 것 없이, 심지어 재향군인회에게까지 칭송을 받는단다.

이런 복지 어때요?

사람들이 이재명 시장에게 포퓰리즘 딱지를 붙인 것은 그가 만 24세까지의 청년에게 연간 100만 원 상당의 지역화폐를 줬다는 사실 때문이다. 성남시 예산도 엄밀히 따지면 세금으로 책정된 것이니 말이다. 이재명의

* 이재명 "박근혜 정부가 지자체 밥줄 끊겠다면, 나도 끊겠다", 〈한겨레〉, 2016년 6월 15일.

뒤를 이어 박원순 서울시장도 2015년 11월 비슷한 취지의 정책을 마련했다.

- 만 19~29세 미취업 청년
- 중위 소득 60% 이하에 해당하는 자
- 3천 명 한정*
- 매달 50만 원씩 최대 6개월 현금 지급

성남시 정책에 대한 비판을 의식한 듯 서울시 청년수당은 취업 활동에 관한 일, 그러니까 교통비, 교재비, 학원비, 식비 등에만 사용해야 하고, 월 1회 사용 내역을 보고할 의무를 갖는다. 이 사업이 취지대로 된다면 좋을 것이다. 일자리가 없어서 살길이 막막했던 청년이 청년수당을 받으면서 취업 준비를 하고, 결국 좋은 곳에 취직하면서 국가에 대한 고마움을 느끼는 장면은 생각만 해도 훈훈하다. 일부에서는 그냥 돈을 주지 말고 아르바이트로 고용하여 그 돈을 주면 어떻겠냐고 하겠지만, 고된 일과 취업 준비를 병행하기란 생각보다 어렵다. 청년수당을 보는 시각 역시 곱지만은 않다. 총대를 멘 것은 보건복지부였다. 명칭은 '보건복지부'지만 '보건'에는 관심이 없고 '복지'에 반대하는 이 희한한 부서는 청년수당을 중단하라는 시정 명령을 내리고 직권 취소를 하는 등 사

* 서울시, 청년수당 대상자 3천 명 내달 4~15일 모집, 〈연합뉴스〉, 2016년 6월 30일.

사건건 사업에 반대했다. 그러나 500여 일의 갈등을 끝내고 서울시는 2017년 6월부터 청년수당을 지급하게 되었으니, 이 사업을 몇 년간 지켜본 후 평가하는 것은 어떨지 싶다. 청년수당에 드는 돈은 1년에 90억, 걸핏하면 소환해서 미안하지만, 이명박 정부 때 실시돼 20~100조 원가량의 손실을 입혔다고 추정되는 자원외교를 이렇게 꼼꼼히 따져 봤다면 좋았을 뻔했다. 예를 들어 외교부가 자원외교의 대표적인 성과로 선전했던 카메룬 다이아몬드 광산에 다이아가 정말 있는지 알아봤다면 계약 체결은 없지 않았겠는가? 이런 돈만 아꼈다면 청년수당을 3천 명이 아니라 30만 명에게 월 100만 원씩 주는 것도 가능했을 텐데.

정부의 반대에도 불구하고 청년수당은 점차 확대되고 있는 중이다. 경기도는 청년구직지원금이라는 이름으로 최대 300만 원을, 인천시는 청년사회진출지원사업이란 이름으로 최대 60만 원을 지원한다.* 대전시는 청년취업패스라는 정책을 준비 중이란다.** 다른 지자체까지 따라 하는 것을 보면, 지금까지 나온 방안 중에는 청년수당이 가장 좋은 방법이라 여기는 듯하다. 돈이 없어 못 하는 서러운 지자체도 있지만, 능력이 된다면 이런 식의 사업이 확대되는 것은 바람직하다. 다들 어렵다고 하지만 그래도 가장 어려운 사람들은 취업의 길이 막막한 청년들 아닌가. 다만 이름이 제각각이라 헷갈리니, 좀 통일하면 좋겠다. 다른 지자체에서 만든 이름을 빌려 쓰는 게 쑥스럽겠지만, 어차피 내용을 베끼면

* 성남·서울 이어 경기·인천 '청년수당' 도입한다, 〈중앙일보〉, 2017년 2월 9일.

** 대전시, 박원순표 청년수당 유사품 '청년취업패스' 도입 두고 논란, 〈이데일리〉, 2017년 1월 23일.

서 이름까지 베낀다고 뭐 그리 흉이 되겠는가. 개인적으로는 성남시의 청년배당과 서울시의 청년수당 중 후자가 더 마음에 든다. 그러니 따라 할 지자체는 '인천 청년수당', '대전 청년수당' 이런 식으로 이름을 붙이면 좋겠다.

앞에서 우리나라가 복지에 부정적인 이유는 자신이 혜택을 받은 적이 없어서라고 했다. 각 시도마다 청년들이 이런 식으로 혜택을 경험한다면 부정적인 시각은 점차 해소되리라. 고무적인 사실은 차기 대선에 나설 후보들이 저마다 복지에 관한 공약을 준비하고 있다는 점이다. 저들 중에는 박근혜 전 대통령처럼 공약을 다 파기할 대통령이 나오지 않기를, 그래서 많은 이가 국가의 따뜻함을 느껴 보길 바란다. 스웨덴까지 가진 못할지라도, 최소한 꼴찌는 하지 말아야지 않은가.

나가며

서민의 가슴에 금배지 하나 달자

우리 모두가 부족하다

사람들은 입만 열면 정치를 비난한다. 그들의 말을 들어 보면 우리나라 정치가 진흙탕인 이유는 정치인의 자질이 외국에 비해 심각하게 떨어지기 때문이다. 과연 그게 정치인들만의 책임일까? 언론도 문제다. 대선 정국에서 언론은 후보들이 내세운 정책에는 큰 관심이 없는 듯하다. 후보들이 내건 공약을 자세히 들여다보고 그것이 서민들의 삶에 도움이 되는지 살피기보다, 언제나 그랬듯 '검증'이라는 명목으로 후보를 비방하는 일에 더 힘을 쓰는 것 같다.

우리들은 어떨까? 선거 때마다 "정책을 더 소개해 줬으면 좋겠다"라고 말하지만, '많이 본 기사'는 후보를 검증한다는 맥락에서 출발한 부정적인 내용의 기사들이 대부분이다. 그러한 기사에 달린 수많은 댓글을 보면 선거에서 중요한 문제는 정책이 아닐지도 모른다는 생각이 든다.

언론사 입장에서도 사람들의 시선을 많이 끌 수 있는 기사를 내보내는 것이 유리하다 보니, 정작 우리 삶에 변화를 가져다줄 후보의 공약을 점점 더 알기 어려워진다. 이런 현상이 전적으로 언론만의 잘못은 아니지만, 그쪽에만 관심을 갖는 우리들도 일정 정도 책임이 있다.

불신과 광신 사이에서

우리나라 정치에서 사람들은 두 방향으로 쏠리는 것 같다. 하나는 정치가 자신과는 상관이 없다고 여기며 정치와 삶을 분리해서 생각한다. 또 하나는 정치보다는 특정 정치인에 열광하고 팬클럽을 자처하고 나선다. 그 사이에서 건전하게 균형을 잡는 사람들도 많지만, 문제는 양극단으로 쏠린 두 그룹이다. 정치에 관심이 없는 사람들은 문제가 되는 사안들에 대해 정확한 정보를 알려 하지 않고, 정치가 잘못되어 가는 모습만 본다. 이들은 결국 정치를 불신하게 되고, 이후에는 정치 혐오에 빠진다. 그에 반해 정치인 팬클럽은 광적으로 지지만 할 뿐, 그들이 추종하는 정치인을 냉정하게 보지 못한다. 이 문제는 탄핵 정국에서 박사모가 적나라하게 드러냈다. 그가 추진하는 정책에 대한 지지 여부보다 내가 좋아하니까 그만이라는 정서가 자리 잡고 있다. 박근혜 전 대통령이 탄핵되고 난 뒤 지지자들이 그의 집 앞에서 '마마'라고 외치는 장면은 특정인에게 쏠린 팬클럽 정치가 자칫하면 정치의 퇴보를 가져올 수 있다는 사실을 잘 보여 주었다.

정치는 권리이자 책임이다

"대한민국의 주권은 국민에게 있고 모든 권력은 국민으로부터 나온다."

대한민국 헌법 1조 2항이다. 이 헌법대로라면 국민은 자신의 필요에 따라 대통령을, 국회의원을, 기타 공직자를 부릴 수 있어야 한다. 하지만 우리는 혐오에 빠져 그들 모두를 불신하거나, 그들을 무소불위의 존재로 숭배하면서 충실한 신민이 되기를 자처해 왔다. 사정이 이러니 집권세력이 국민들을 우습게 알고 자신의 이익만을 위해 전횡을 일삼지 않았겠는가? 평상시에는 정치를 욕하다 막상 정치인을 만나면 주눅이 드는 것, 어쩌면 우리는 정치인의 가슴에 달린 금배지를 숭배하고, 그 권위에 굴복해 왔는지도 모르겠다. 더 이상 그럴 필요 없다. 국민은 엄연히 정치인보다 더 높은 존재다. 한 명 한 명 모두가 가슴에 금배지를 단 것처럼 행동하자. 좀 어렵게 느껴진다면 문방구에서 금배지를 사서 가슴에 달아 보자. 그리고 더 이상 금배지의 전횡과 특권을 방관하지 말자. 제대로 된 정치가 뿌리내리도록 만드는 것은 우리들의 권리이자 책임이기도 하니까 말이다.

서민적 정치

초판 1쇄 발행 2017년 4월 28일
초판 2쇄 발행 2017년 5월 4일

지은이 | 서민
발행인 | 박재호
편집 | 홍다휘, 강혜진, 이미현
마케팅 | 김용범
총무 | 김명숙
종이 | 세종페이퍼
인쇄 · 제본 | 한영문화사

발행처 | 생각정원 Thinking Garden
출판신고 | 제25100-2011-320호(2011년 12월 16일)
주소 | 서울시 마포구 양화로 156(동교동) LG팰리스 814호
전화 | 02-334-7932 팩스 | 02-334-7933
전자우편 | pjh7936@hanmail.net

ISBN 979-11-85035-93-2 03300

이 도서의 국립중앙도서관 출판시도서목록(CIP)은 서지정보유통지원시스템 홈페이지(http://seoji.nl.go.kr)와 국가자료공동목록시스템(http://www.nl.go.kr/kolisnet)에서 이용하실 수 있습니다.
(CIP제어번호: CIP2017009306)

만든 사람들
책임편집 | 강혜진
교정교열 | 김효진
사진촬영 | STUDIO SALT
디자인 | 이석운, 김미연